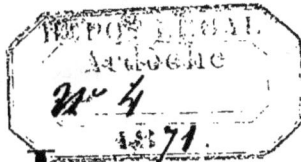

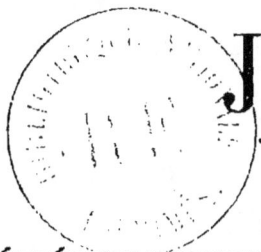

JOURNAL

DES

ÉVÉNEMENTS LES PLUS REMARQUABLES

Qui se sont passés à St-Denis,

PENDANT

LE SIÉGE DE PARIS

Par une Fille de la Charité.

———

1870 - 1871

PRIVAS

IMPRIMERIE ET LITHOGRAPHIE ROURE.

1871

JOURNAL

des

ÉVÉNEMENTS LES PLUS REMARQUABLES

Qui se sont passés à St-Denis,

PENDANT

LE SIÉGE DE PARIS

———

1870 - 1871

———◦◦◦◦◦———

19 *septembre*. — Anniversaire de l'apparition de Notre-Dame de la Salette. Nous apprenons que depuis hier Paris est entièrement bloqué. A deux heures les forts de St-Denis commencent le feu ; ils soutiennent un engagement de lanciers français qui ont rencontré un corps prussien. La fusillade s'entend très-bien et on voit la fumée s'élever au bout de la rue de Paris ; cette rue coupe la ville en deux et s'étend vers une hauteur où l'ennemi a dessein de dresser ses batteries. Vers trois heures on apporte des blessés ; ils sont reçus à la maison de la Légion d'honneur, transformée en ambulance ; ceux qui peuvent supporter le trajet sont dirigés sur Paris. Parmi les blessés est un Prussien ; il

expire en arrivant à la porte; son cadavre est transporté à la Morgue. A quatre heures, trois détonations si accentuées que nos armoires tremblent. Il fait bon parler du canon lorsqu'on ne l'a entendu gronder qu'un jour de fête; lorsqu'il faut l'entendre à ses portes et qu'on pense aux bombes qui vont riposter, c'est autre chose. Le canon s'entend la nuit; nous n'avons pu dormir.

20 *septembre*. — Rien d'extraordinaire; fusillades isolées.

21 *septembre*. — J'ai été obligée d'aller à Paris; l'aspect de la capitale est bien changé; plus de jardins publics cultivés; l'emplacement sert de champ de manœuvres. Les boulevards et les rues servent au même usage; partout on rencontre des gardes nationaux faisant l'exercice; on ne voit que des fusils. On s'est étonné de ma hardiesse; on pensait que St-Denis était envahi par les Prussiens; on se trompe bien; de l'aveu des journaux allemands, St-Denis et le mont Valérien sont les plus puissantes défenses de Paris. Je rentrai à sept heures et demie; déjà on était inquiet sur mon sort; à vrai dire, peu s'en est fallu que je ne fisse la route à pied, mais la bonne Providence me fit trouver une voiture et à meilleur marché qu'en temps ordinaire.

22 *septembre*. — La fusillade continue sous les remparts; le canon retentit de temps en temps; à cinq heures du soir, les détonations se succèdent sans interruption pendant quelque temps. C'est terrible à entendre. Ce sont des canonniers de marine qui dirigent les pièces des forts. Il y en a de très-habiles. L'ennemi s'était abrité derrière une maison qui était encore de-

bout. « Voyez cette maison, » dit le canonnier, et en trois coups la maison était renversée. Sa chute faisait bien des victimes.

23 septembre. — Le feu a continué toute la nuit avec quelques interruptions ; à deux heures du matin, la fusillade, compliquée du canon, était terrible ; nous nous attendons d'un moment à l'autre à recevoir des boulets. Jusqu'à présent il a été impossible à l'ennemi d'établir ses batteries du côté de St-Denis ; le canon renverse les travaux aussitôt qu'ils commencent à paraître. Dans un de nos forts il y a un canonnier d'une adresse rare ; il voulait détruire une batterie que surmontaient déjà vingt-un canons. Il visait, mais voilà qu'un uhlan à cheval qui se promenait sous cette batterie le gênait. « Chargez-moi une petite pièce, » dit-il ; il vise, le canon part, le cavalier était coupé en deux sur son cheval et cela à plusieurs kilomètres de distance. Le canonnier retourne à sa grosse pièce et démonte en quelques coups tous les travaux de l'ennemi. A quatre heures du soir, canonnade et fusillade ; l'engagement a été court ; à six heures du soir, on apportait les blessés ; il y avait dix voitures sans compter les brancards. De notre côté il y a eu 6 morts et 80 blessés.

24 septembre. — Un de nos administrateurs et un membre de la Conférence de St-Vincent-de-Paul se sont rendus, ce matin, sur le champ de bataille pour relever les morts et les blessés qui auraient pu être oubliés. L'un d'eux a pu pénétrer sur les travaux d'attaque ; des officiers prussiens, après lui avoir bandé les yeux, lui ont permis d'avancer vers des blessés français qui étaient tombés près des postes ennemis. Mais en le reconduisant on lui a dit de ne pas revenir, qu'on ne le laisserait plus passer. « Quant à vos blessés, ont dit les officiers prussiens, nous les avons relevés avec les nô-tres; ils sont à Ecouen et rien ne leur manquera. » Parmi les morts à qui nos charitables Tobies ont rendu les der-niers devoirs, il y en avait un qui avait son chapelet dans la poche. Si la mère ou la sœur de ce pauvre jeune homme apprenaient cette particularité, ce serait une consolation dans leur chagrin ; son nom nous est in-connu.

On nous apporte un monsieur de 60 ans, qui était venu voir son fils, caserné à St-Denis ; il s'entre-tenait avec lui lorsqu'une balle, traversant le plancher, lui a cassé les deux cuisses; un imprudent qui s'amu-sait à l'étage inférieur a causé cet accident. La balle est restée dans une cuisse après avoir fracassé les os. La mort est imminente. La seule chance de salut serait l'amputation des deux cuisses; à son âge il ne pourra pas la supporter.(Il a succombé quelques semaines après).

25 septembre. — Les barricades se forment; les deux grandes rues sont dépavées en partie; les pavés s'élèvent; ils sont surmontés de sacs de terre destinés à amortir les boulets. Les barricades vont au premier étage ; chaque personne qui passe est obligée de porter un pavé. Un autre avantage, c'est que les boulets cau-seront moins de dommage en tombant sur la terre. Tout le long des trottoirs, des tonneaux défoncés et pleins d'eau sont disposés, afin de faciliter les secours contre l'incendie. Les rues sont inondées de soldats et de gardes nationaux en armes. On ne se fait pas d'idée de l'aspect de la ville. On parle déjà de disette ; il n'y a que huit jours que nous sommes cernés, et déjà tous les charcu-

tiers ont fermé leurs boutiques. Quelques épiciers et
quelques bouchers les ont imités. Les soldats sont rationnés ; 100 grammes de viande pour vingt-quatre
heures ; c'est peu pour des hommes qui font douze
heures et vingt-quatre heures de faction de suite, qui
couchent sur la terre sans se déshabiller. Notre boucher
nous a dit qu'il ne pourra bientôt plus nous donner que
du bœuf ; c'est dur pour nos pauvres malades. On s'attend à une sortie pour demain ; tous les gardes nationaux sont convoqués pour six heures du matin. Dieu
veuille abréger l'épreuve que nous traversons. Il n'y a
pas eu d'engagement ; quelques coups de canon bien
accentués à sept heures et à onze heures.

26 *septembre.* — Silence absolu ; nos canons n'ont
pas ouvert la bouche ; nous ne connaissons pas la cause
de ce calme qui prolonge la situation. Des bruits étran-
ges courent sur la fuite prétendue de nos ennemis ; je
n'ai garde de les relater ; ce qui est certain, c'est qu'ils
se sont retirés des positions qu'ils occupaient depuis
quelques jours ; ce qui est encore vrai, c'est qu'ils se
massent sur Versailles ; on prévoit bien leur intention :
tenter l'entrée de Paris par ce côté-là. Chaque jour qui
commence peut être témoin d'un grand coup ; on se lève
avec cette appréhension.

Ce que je puis encore assurer, c'est que, aujourd'hni,
à une heure, deux officiers prussiens, d'autres disent
deux généraux, se sont présentés en parlementaires ;
ils ont été conduits, les yeux bandés, au quartier général ; je n'ai pas besoin de vous dire qu'une foule immense leur faisait cortége ; la nouvelle de leur arrivée
avait traversé la ville avec la rapidité de l'éclair. —
Les œufs se vendent à Paris 40 centimes pièce, et le

beurre 12 francs le kilogramme. Où irons-nous ? Grand nombre de bêtes à cornes, entassées dans la capitale depuis quelques semaines, sont mortes faute d'air.

27 et 28 septembre. — Silence absolu ; on serait tenté d'en être fâché ; tout retard aggrave notre position. Nous sommes rationnés pour la viande et obligés de réduire notre appétit ; les bouchers ne reçoivent qu'un demi-bœuf par jour. Tout est hors de prix et on ne peut plus se procurer la moindre douceur. Les prisons sont pleines de maraudeurs qui pillaient les campagnes ; nous recevons chaque jour une grande quantité de légumes dont la police s'empare. — Je n'ai pu recueillir aucun renseignement certain sur la mission des deux parlementaires qui se sont présentés le 26 ; on m'a assuré que c'était afin de s'entendre sur l'ensevelissement des morts, mais nous demeurons persuadés que leur visite avait un autre but. La ville a été péniblement émue de la mort de deux gardes nationaux, tués par les Prussiens avant-hier. Ils ont cédé à la curiosité et se sont trop avancés vers les postes ennemis. Ils laissent chacun une femme et trois enfants. Grand arrivage d'artillerie, canons, mitrailleuses, munitions, etc. Le roulement de ces pièces dans les rues produit un effet terrible ; on ne se reconnaît plus chez soi ; on se croit sur un champ de bataille.

29 septembre. — Encore le silence ! tout contribue à l'augmenter. Depuis quinze jours, les cloches des églises et des communautés religieuses ne font plus entendre leurs voix. Il n'y a que les horloges qui parlent. On ne peut se faire une idée de la tristesse que ce silence inspire. Le service religieux est suspendu à l'abbaye de Saint-Denis ; un factionnaire garde les portes qui sont fermées. Les caveaux de la crypte souterraine servent de poudrière. On frémit en songeant aux conséquences possibles de cette mesure ; s'il survenait une explosion, cet édifice et toutes les maisons voisines, y compris l'Hôtel-Dieu, seraient anéantis. Hier soir on voyait distinctement un vaste incendie dans la plaine ; c'est un beau château auquel les forts venaient de mettre le feu ; il servait d'habitation aux Prussiens. Je n'ai pas besoin de dire avec quelle célérité les nouveaux habitants se sont hâtés de déguerpir ; à l'aide de longues-vues, on les voyait sauter par les fenêtres. Enfin ! le canon se fait entendre ! De trois heures et demie à cinq heures, les coups sont redoublés et secs ; nos vitres frémissent ; on détruit les batteries de l'ennemi et on le déloge d'un village dominant Saint-Denis, où il s'est installé. On commence à croire que nous ne serons pas bombardés ; les gens du métier disent que l'ennemi ne s'attaquera pas à ce côté pour entrer dans Paris, il est trop bien fortifié. Depuis quelques jours, on redoute une attaque pour Sèvres, le Point-du-Jour, côtés plus faibles de la capitale. Ce qui paraît confirmer cette supposition, c'est que l'ennemi se masse sur Versailles. Il y a là cent cinquante mille hommes.

30 septembre. — Toujours le silence ! c'est désolant ! la position se complique ; l'ennemi peut nous prendre par la famine. Affamer deux millions d'hommes, c'est terrible, mais ce ne sera pas difficile. Les journées sont bien longues !

1er et 2 octobre. — Voilà quinze jours que nous sommes cernés. Et déjà on pressent la famine... que dis-je ? on commence à en souffrir. La viande se fait rare ; on la refuse à l'hospice. Il faut recourir à la municipalité qui nous accorde 15 kilogrammes de bœuf par jour et 18 kilogrammes de mouton par semaine. Qu'est-ce que cela pour 140 personnes. Et encore aujourd'hui on nous a soustrait 4 kilogrammes sur la quantité de viande accordée. Nos malades se plaignent.

— L'horizon devient de plus en plus triste. Aujourd'hui nous arrive la nouvelle de la reddition de Strasbourg. Le découragement est peint sur les visages. Sans nouvelles du dehors, sans assurance au dedans, l'ensemble des événements semble être des plus désespérants. Pour la seconde fois Monseigneur l'Archevêque prescrit des prières publiques ; sa lettre fait appel aux âmes pieuses. Mon cœur se réjouit d'y trouver la recommandation d'une neuvaine au Sacré-Cœur de Jésus. Mais, hélas ! à part les âmes d'élite, et toujours les mêmes, qui est-ce qui s'efforce de fléchir la colère de Dieu etde l'appeler à notre secours ? Ce matin, dans le onzième arrondissement, à Paris, les gardes nationaux ont cerné la maison des frères des écoles chrétiennes et celle de nos sœurs pour empêcher la rentrée de leurs enfants. Ils ont déclaré par des affiches publiques qu'ils ne voulaient plus de congréganistes pour diriger les classes. Et c'est ainsi qu'ils appellent les bénédictions de Dieu sur Paris....., en déclarant par leurs actes qu'ils ne veulent plus de Dieu ni de religion. Où allons-nous ? et vers quel abîme sommes-nous précipités ? A St-Denis, les frères et les sœurs ont repris leurs classes par ordre de la municipalité.

3 *octobre*. — Toujours le silence précurseur de la famine..... Nouvelles assurances de la reddition de Strasbourg et annonce de la prise de Toul. Qu'allons-nous devenir ? Encore si l'on comprenait que ces revers

sont des punitions de Dieu qui nous châtie pour nous
rappeler à lui... Mais non ; on blasphème ; on répète
qu'on peut bien se passer de Dieu, de pape et de religion. Depuis plusieurs jours on dit que les troupes
italiennes sont entrées à Rome, mais on ne sait rien
de sûr.

5 *octobre*. — On annonce comme une chose certaine
le bombardement de Paris pour le 8 ou 9 courant ; cette
nouvelle réjouit presque ; on aime mieux le bruit des
boulets que leur silence. Il faut en finir, dit-on.

7 *octobre*. — L'ennemi essaye de s'établir dans un
village dominant St-Denis ; il crénèle les maisons afin
d'y établir son tir ; nous allions ramasser du houblon
près d'un moulin où il a établi son siège principal. A
trois heures du soir, vive canonnade pour le déloger
de là.

A quatre heures il passe un beau ballon au-dessus
de nous ; il va de l'Ouest à l'Est. Le beurre vaut 10
francs les 500 grammes.

A dix heures du matin toutes les boucheries sont
fermées.

8 *et* 9 *octobre*. — Hier, dans la journée, on entendait
une canonnade dans le lointain. Des forts de St-Denis
on a tiré quelques coups pour abattre les maisons qui
gênent le tir. Un soldat, caserné à Paris, écrit
à sa sœur (une de mes compagnes) qu'ils sont tous
consignés et qu'on les a prévenus que les premiers jours
de cette semaine ils iront faire une trouée pour rejoindre
une armée qui vient au secours de Paris. Voilà trois
semaines aujourd'hui que nous sommes cernés. Que le
cœur est triste ! Les passions de l'intérieur préparent
des événements plus regrettables que la guerre avec

l'étranger. C'est le moment de réveiller sa foi, son espérance et son amour, et de se jeter avec abandon dans les bras de Dieu, espérant qu'il tirera sa gloire du mal même et que tout tournera au bien de ses élus. Il est trois heures du soir et nous n'entendons rien, et nous n'avons rien reçu des Prussiens bien qu'on eût annoncé le bombardement pour aujourd'hui.

10 octobre. — Ce matin il y a eu un engagement entre des mobiles envoyés en reconnaissance et l'ennemi ; les nôtres n'étaient ni en mesure ni en nombre pour résister à l'attaque ; ils ont été repoussés après avoir laissé sur la place plusieurs morts et blessés. Le capitaine qui commandait cette compagnie a été mis en prison pour avoir exposé ses soldats à un danger inutile en ne suivant pas la route qui lui avait été indiquée.

12 octobre. — La viande de boucherie devient rare ; la viande de cheval la remplace ; les bourgeois l'admettent et s'en trouvent bien. Je l'ai trouvée aussi bonne que le bœuf le plus succulent, mais la répugnance a mis des bornes à mon appétit. C'est bien le cas de dire : A la guerre comme à la guerre. Lorsqu'on abat trois bœufs à St-Denis, on abat 15 à 25 chevaux ; voilà la proportion. Aujourd'hui un cheval coûte 6 à 8 francs de nourriture par jour et on entrevoit le moment où on ne pourra plus les nourrir à quelque prix que ce soit. Des particuliers vendent 150 francs les chevaux qui leur ont coûté 800 francs .On entend une vive canonnade dans le ointain. A St-Denis silence absolu.

13 octobre. — Dans la journée les coups redoublés et continus du canon ressemblent au lointain roule-ment du tonnerre. — Depuis quelques jours il faut un permis pour entrer à Paris et à St-Denis. Cette mesure a été prise afin de mettre un terme, s'il est possible, à l'espionnage qui continue toujours malgré la surveillance, malgré la peine de mort infligée aux espions.

14 *octobre.* — Par ordre de la municipalité tous les militaires que nous avons à l'hospice ont été transportés à l'ambulance. Ces pauvres gens avaient beaucoup de peine de nous quitter. « Tu vas voir, disait l'un d'eux à son camarade, comme on va nous arranger là ; ils vont nous f.... à la porte avant vingt-quatre heures ; il faut avoir la jambe cassée pour qu'on s'occupe de vous. » Sur 25 militaires que nous avions, 10 des moins malades ont préféré rentrer à la caserne, tellement ils appréhendaient cette ambulance desservie par des laïques.

18 *octobre.* — Vers le soir il y a une petite sortie soutenue de quelques coups de canons ; c'était une reconnaissance ; nous avons eu 2 morts et 2 blessés.

19 *octobre.* — Je suis allée à Paris munie d'un laissez-passer ; j'ai parcouru les halles centrales et les rues spécialement affectées à la vente des comestibles ; il m'a été impossible de trouver ni fromage, ni sardines, ni pruneaux. La viande de cheval figurait seule aux étalages des halles, avec quelques légumes ; plusieurs boutiques portaient pour enseignes : « Viande d'âne. » Les légumes secs sont rationnés comme la viande. Dans l'après-midi grand bruit pendant trois quarts d'heure ; nos forts ont tonné.

21 *octobre.* — Il y a une grande sortie ; 15,000 hommes convoqués pour dix heures. Ce corps d'armée, soutenu des canon et de mitrailleuses, a quitté St-Denis à à onze heures. Derrière suivaient les voitures d'ambulance portant les aumôniers et les chirurgiens. Les sol-

dats chantaient; une foule immense les acclamait sur
leur passage; beaucoup de personnes pleuraient. A
trois heures le canon se fait entendre; les coups sont
serrés, trente à quarante par heure. Pendant ce temps
là, 3 officiers supérieurs installés sur la balustrade la
plus élevée de la tour de l'abbaye, interrogeaient l'horizon; on les voyait aller et venir de tous les côtés la
lorgnette à l'œil. A huit heures nos troupes rentraient,
état-major en tête; elles n'avaient pas vu trace de
Prussiens et elles étaient allées beaucoup plus loin qu'on
ne leur avait dit. Dans le lointain vive canonnade; à
six heures une détonation terrible; c'était une forte
pièce de marine qui venait de détruire un pont que
l'ennemi avait jeté sur la Seine. Les débris de ce pont
ont brûlé pendant deux heures. La sortie d'aujour-
d'hui avait pour but de protéger l'aile droite d'un autre corps d'armée qui combattait à quelques kilomètres de St-Denis.

24 octobre. — L'événement le plus remarquable de
cette journée a été la magnifique aurore boréale qui a
paru vers sept heures et s'est prolongée bien avant dans
la nuit. A première vue on pouvait croire à un immense
et lointain incendie. Nous entendîmes crier plusieurs
fois : Au feu! au feu! En regardant avec attention on
voyait les étoiles se dessiner sur le fond rouge qui nous
entourait de toutes parts. Le lendemain et le surlende-
main même phénomène avec diminution d'intensité et
de durée.

25 octobre. — Les difficultés pour se procurer des
vivres grandissent tous les jours; voici l'aperçu de
quelques prix : beurre frais, 20 francs les 500 grammes;
beurre salé, 7 francs les 500 grammes. Un poulet,

7 francs ; un lapin, 7 francs ; une poule, 12 francs ; une
oie, 30 francs et le tout à l'avenant. Les boucheries ne
sont ouvertes que trois fois par semaine. Dans le lointain grande canonnade.

28 *octobre.* — Il y a une petite sortie. Les nôtres
veulent déloger l'ennemi d'un village (le Bourget) où
il s'est embusqué ; ils y réussissent presque sans perte.
Un obus venant de nos forts à contre temps éclate parmi
nos soldats et cause 3 morts et 20 blessés. Nos troupes
rentrent avec 4 prisonniers qui ont passé sous nos fenêtres ; nous les avons vus. L'un d'eux, qui travaillait à
St-Denis avant la guerre, est passablement content de
la bonne aventure qui le fait prisonnier. Il est marié et
a trois enfants.

29 *octobre.* — La viande de cheval commence à
manquer ; on voit se produire à la porte des boutiques
hippiques le spectacle qu'offraient les autres boucheries,
savoir : une queue de 200 personnes attendant la petite
ration que la municipalité accorde ; deux gardes nationaux, la baïonnette en avant, protègent l'entrée des boucheries. Aucune porte ne s'ouvre avant l'arrivée de la
force armée. Aujourd'hui on a fait la queue pendant deux
heures et demie à la boucherie de cheval, et les dernières
personnes ont dû se retirer sans viande ; il n'y en avait
plus. Elles avaient inutilement attendu depuis cinq heures du matin, debout, par une pluie battante. — A une
heure, le canon se fait entendre avec violence : plusieurs
forts donnent à la fois, ce qui produit des accords variés
et lugubres. Voici la cause de cette canonnade qui s'est
prolongée toute la soirée : l'ennemi voulait reprendre
le Bourget ; les forts soutenaient nos troupes. Après
une attaque qui est restée infructueuse, il s'est retiré.

On redoute qu'il ne revienne avec des forces supérieures.

30 *octobre*. — Les appréhensions de la veille se sont réalisées. Les nôtres étaient au nombre de 4,000 hommes avec 2 canons et 4 mitrailleuses. Au point du jour l'ennemi les a attaqués avec 36 pièces et 20,000 hommes ; il a fallu céder au nombre et se trouver heureux d'accomplir une retraite honorable. L'ennemi nous a fait 1,200 prisonniers ; nous avons eu 60 blessés et bon nombre de morts. Le canon n'a pas cessé de gronder avec une persistance terrible. Le Bourget est presque détruit ; l'église a été brûlée par les obus prussiens, et nos pauvres soldats et francs-tireurs ont péri ensevelis sous les ruines ! Quel spectacle !

31 *octobre*. — La canonnade a duré toute la nuit avec quelques interruptions. A huit heures du matin elle a repris et s'est prolongé jusqu'à quatre heures du soir. Jamais nous ne l'avions entendue d'une manière si continue et si terrible. Plusieurs forts donnent à la fois croisant leurs feux avec ceux des remparts. Aujourd'hui arrive la nouvelle de la reddition de Metz. Le découragement est peint sur tous les visages ; en même temps il se manifeste par les paroles. Les cœurs sont bien tristes. A trois heures du soir nous apprenons qu'un soulèvement se produit à Paris. A cinq heures les gens sans aveu de St-Denis veulent avoir leur tour. Au nombre d'environ 600 ils se ruent dans l'église en criant : A bas le curé ! à bas les prêtres ! vive la Commune ! Un vicaire sort pour aller chercher du secours. Mais où aller ? Le quartier général est assiégé par la populace qui vocifère : A bas le général ! à bas Bellemarre ! En attendant la première bande s'est avancée jusque sur la balustrade des chœurs ; des coups de fusils sont tirés dans l'église

et la bande entonne et chante la *Marseillaise* dans
le lieu saint ! Ces insurgés montent dans la chaire les
uns après les autres ; ils allument leurs cigares aux
bougies qui brûlaient devant les châsses de saint Denis
et de ses compagnons, dont les reliques sont exposées
depuis le commencement du siége. Sans l'intervention
d'un des chefs, les châsses et la statue de sainte
Geneviève allaient être brisées. Et cette bande se com-
posait de gardes nationaux, tous armés ! M. le curé
essaie de se faire entendre ; il demande ce que l'on veut.
On lui répond : A bas le curé ! à bas les prêtres ! vive
la République ! Cependant, peu à peu, le tumulte cesse ;
les plus furieux sortent de l'église, et le pauvre curé,
plus mort que vif, put se retirer. En nous apprenant
tous ces détails, on nous avait prévenues que, vers minuit, on devait battre la générale pour réunir les gardes
nationaux et procéder à l'établissement de la Commune ; il n'en a rien été. Quelle nuit nous avons passée !

1ᵉʳ *novembre*. — Nous avions sujet de craindre que
les offices n'eussent pas lieu à la paroisse. Tout a été
calme. Nous avons pu célébrer tranquillement, mais
tristement, notre fête de tous les Saints. J'ai vu les
inscriptions résumant les manifestations de la veille.
On avait écrit sur les murs et les portes de l'église :
Les prêtres à la potence ! à bas les curés ! à bas les
jésuites ! vive la liberté ! etc. Le général Berthoux, qui
remplace le général de Bellemare, arrivait comme nous
sortions des vêpres. Nous sommes dans l'anxiété sur ce
qui se passe à Paris. On a dû voter un nouveau gouvernement. A Saint-Denis, la journée a été calme. On
avait eu soin de fermer de bonne heure les portes de
l'église. Cela n'a pas empêché les révolutionnaires de

se présenter comme la veille. Sous prétexte que les militaires étaient enfermés avec les prêtres, ils ont enfoncé les portes à coups de crosses de fusils, et n'ayant trouvé que le gardien, ils commençaient à le maltraiter pour avoir les clefs de la sacristie et de l'église souterraine. Une personne bien intentionnée persuada au maire et à quelques gardes nationaux d'aller faire cesser le désordre, en leur représentant que la ville serait obligée de payer les dégâts. Sur les représentations du maire, qui promit qne l'église serait changée en un grenier à fourrages, les insurgés sortirent en vociférant des menaces contre le curé et contre les prêtres. Le prétexte de cette insurrection a été les réunions des militaires à l'église paroissiale. L'aumônier d'un de nos forts présidait ces réunions, qui opéraient les plus grands fruits dans les âmes. Or, cet aumônier a eu le *malheur,* dans une de ses instructions, d'invoquer le souvenir de saint Louis, roi de France, et d'appliquer quelques traits de sa vie aux circonstances désastreuses que nous traversons. Il a eu la *témérité* d'engager nos soldats à imiter les vertus de saint Louis, à se montrer, comme lui, grands sur les champs de bataille, grands dans l'adversité. Il n'en a pas fallu davantage pour amonceler un orage; je viens de dire comment il avait éclaté : « Voyez-vous, disaient les défenseurs de la « République, il prêche un Roi aux militaires! Il ourdit « un complot ! »…et…au nom de la liberté, ils ont empêché ou rendu impossibles les réunions de nos soldats.

2 novembre. — Les désordres de la veille se sont renouvelés, le soir, à l'église; l'impunité encourage les coupables ; je ne sais où cela ira. A sept heures, vive canonnade.

3 *novembre*. — Aujourd'hui a eu lieu le vote pour opter entre le Gouvernement provisoire et la Commune. Tout se passe en bon ordre. Le résultat est reçu avec satisfaction par les amis de l'ordre. On parle d'un armistice auquel le Gouvernement travaille depuis quelques jours. On n'ose rien espérer.

5 *novembre*. — Le silence de nos forts semblait accréditer le bruit d'un armistice lorsque, à dix heures du soir, douze ou quatorze coups de canons bien accentués sont venus déranger notre sommeil et nous convaincre que l'armistice n'était pas encore signé.

6 *novembre*. — On ne délivre la viande de boucherie que deux fois par semaine et 500 grammes par famille. La queue commence à deux heures du matin ! Les portes ne s'ouvrent qu'à huit heures. Le froid commence à se faire sentir ; il gèle la nuit ; cela n'empêche pas que dès cinq heures il y a plus de deux cents personnes à la porte de chaque boucherie ! La viande d'âne vaut 8 francs le kilo ; on la dit excellente. Une guerre d'extermination est déclarée aux chats. Préparée en civet, leur chair est excellente ; c'est un plat de gourmet. Où pousse la famine ! On parle d'une boucherie de chiens qui vient de s'ouvrir à Paris. A St-Denis, on ne les met pas en vente, on les vole ; les mobiles s'acquittent de cela à merveille. Et les rats, donc ! on les traque, on les poursuit à outrance. Rien de si bon au dire de ceux qui en ont goûté ! Ce qu'il faut voir avant de mourir !

10 *novembre*. — Depuis quelques jours nos canons gardaient le silence ; ils l'ont rompu bien mal à propos cette nuit et nous ont empêchées de dormir. La persistance du tir nous faisait craindre une attaque sérieuse ;

c'était pour détruire les travaux des ennemis. A l'aide de la lumière électrique, ou les voit aussi bien la nuit que le jour et on le leur prouve.

12 *novembre*. — Décidément c'est un parti pris de nous bercer au bruit du canon ; voilà la troisième nuit que nous sommes obligées de dormir au bruit des plus terribles détonations. Nos forts ont voulu se venger de la prise du Bourget, occupé par les Prussiens depuis quelques jours. Ils ont tiré sur cette localité avec tant de persistance qu'elle n'est plus qu'un monceau de ruines. On a employé des canons de gros calibre dont les obus ont 60 centimètres de longueur.

13 *novembre*. — Ma sœur supérieure reçoit connaissance de l'arrêté municipal par lequel les sœurs qui dirigent les classes seront remplacées par des laïques le 1er janvier prochain. Nos nouvelles autorités poursuivent leur programme révolutionnaire ; avant longtemps ce sera probablement notre tour d'être chassées.

14 *novembre*. — La misère devient de plus en plus grande. La ville distribue journellement pour 1,500 francs de pain aux ouvriers sans travail. La viande commençait à manquer absolument à St-Denis ; sur les représentations du Maire, le gouvernement de Paris a consenti à vendre 40 bœufs à condition que la municipalité de St-Denis laissera sortir des légumes ; depuis plusieurs semaines aucune denrée ne sortait de la ville. Nous avons donc un peu de viande ! mais comme nous sommes rationnés : 30 grammes par jour !

15 *novembre*. — Dans le lointain on entend le canon ; ici quelques coups pour saluer les convois prussiens qui essaient de passer un peu plus près des forts. Nous

pouvons dire que l'ennemi est bien près de nous ; les sentinelles avancées des deux partis sont à peine à quelques mètres de distance. — Notre usine à gaz étant près des remparts a été fermée depuis le blocus ; on craignait les explosions que les bombes prussiennes auraient pu occasionner. Depuis lors nous recevons de Paris le peu de gaz destiné à l'éclairage de St-Denis. Comme le charbon commence à manquer, le gaz manque aussi ; c'est à peine si les becs donnent un filet de lumière. Cette situation augmente la tristesse de la ville. Aujourd'hui arrive la nouvelle de la prise d'Orléans par l'armée de la Loire ; cela encourage les nôtres.

19 *novembre*. — La canonnade se fait entendre presque toutes les nuits ; on finit par dormir malgré les plus terribles détonations ; dans le lointain on entend une vive fusillade qui se continue toute la nuit soutenue par le canon des forts.

20 *novembre*. — Le bruit d'une sortie générale se répand de plus en plus. La tour de l'abbaye sert d'observatoire ; on y a établi un télégraphe qui communique avec le quartier général. Les marins font le service d'observateurs. On vient d'établir sur un autre point de la ville un ballon captif qui s'élève à une grande hauteur et qui permet d'interroger au loin l'horizon.

21 *novembre*. — Les Prussiens deviennent de plus en plus hostiles ; ils tirent sans pitié sur les civils qui se hasardent à aller chercher des pommes de terre près de leurs postes. Nous avons à l'hôpital un jeune homme qui a eu l'épaule fracassée par une balle prussienne. On vient de nous amener un homme, âgé de 60 ans, qui

coupait du bois en dehors des fortifications. Il a plu aux avant-postes d'essayer leur tir sur lui. La balle l'a atteint devant l'oreille, au-dessous de la tempe et elle est ressortie de l'autre côté à la même place. L'hémorragie est abondante par le nez et par la bouche ; je laisse à penser combien il souffre. (Ce malade est sorti de l'hospice, parfaitement guéri, le 24 janvier 1871.)

22 novembre. — La municipalité à Paris comme à St-Denis a réquisitionnné tous les comestibles et combustibles qui se trouvaient chez les particuliers ; maintenant on les vend au public sur des bons délivrés à la mairie. Il reste pour quinze jours de viande fraîche, et après...? Les chiens et les chats sont traqués comme du gibier. Les rats sont vendus 75 centimes.

23 novembre. — La petite vérole continue ses ravages ; à Paris il est mort 480 personnes en six jours, atteintes de cette terrible maladie. A St-Denis, un grand nombre ont aussi succombé. On compte aussi beaucoup de décès parmi les réfugiés que la guerre a attirés dans nos murs. Les souffrances physiques et morales déterminent évidemment ces morts prématurées.

25 novembre. — On vient de nous amener une jeune fille atteinte d'hydrophobie ; elle a été mordue, il y a environ quinze jours. Voilà déjà quatre jours qu'elle souffrait de la tête ; elle a mordu plusieurs enfants, heureusement sur les habits. Les accès se sont manifestés avant-hier soir ; elle est entrée à l'Hôtel-Dieu en proie à de violents transports. « Ma sœur, nous disait-« elle, ne vous approchez pas trop près, je vous mor-« drais ; prenez une grande cuillère pour me donner à « boire. Je meurs de soif! » Mais aussitôt qu'on approchait l'eau de ses lèvres, les mouvements convulsifs qui caractérisent cette maladie se manifestaient. Elle a succombé deux heures après son entrée dans la maison. Son père a été mordu par le même chien, mais moins profondément. Ni lui, ni sa fille, ne s'étaient fait cautériser.

26 novembre. — Paris est encore plus dépourvu de vivres que St-Denis ; il ne reste plus que du pain, du vin et de la viande salée. En notre considération, un habitant de St-Denis a bien voulu vendre à une de nos connaissances : 2 kilos de beurre, 20 francs ; et 2 poulets, 24 francs. Hier on a vendu une jeune poule 18 francs, une oie, 45 francs, et une dinde, 60 francs. La botte de carottes, qui en contient tout au plus une douzaine, vaut 4 francs, et on n'en trouve pas à ce prix. Le décalitre de pommes de terre se paie 7 et 9 francs ; 100 bottes de paille, 200 francs au lieu de 28 francs.

27 novembre. — A partir d'aujourd'hui toutes les communications avec Paris sont interrompues ; les ponts-levis qui se sont levés hier soir ne doivent pas se rebaisser. On ne sait combien durera cette position ; mais cela confirme les bruits qui courent sur une prochaine sortie. Le service de la poste n'a pas été fait.

28 novembre. — L'entrée et la sortie de la capitale continuent à être interdites. Les soldats et les mobiles de St-Denis ont reçu l'ordre de prendre des vivres pour plusieurs jours, de se tenir prêts, parce que d'un moment à l'autre ils pensent être appelés. La position devient inquiétante ; au moindre bruit on se réveille la nuit avec effroi. Les journaux n'ont pas paru. Canonnade dans l'après-midi.

29 novembre. — A 8 heures du matin, les troupes

sortent de St-Denis au nombre de 30,000 hommes, y
comprie l'artillerie. Les gardes nationaux remplacent
les soldats sur les remparts et dans les forts. Le moment
est solennel. Viennent ensuite plus de 40 voitures pour
le transport des blessés; des omnibus pour les aumôniers,
chirurgiens et employés. Quel triste spectacle ! Mais ce
qui surtout a vivement impressionné la population, c'est
un groupe de 200 terrassiers armés de fusils et de pio-
ches. Ils suivaient de près nos pauvres soldats ; c'était
pour enterrer les morts ! Je dois ajouter qu'un grand
nombre de messieurs des plus qualifiés de la ville avaient
pris place dans les omnibus pour aider au transport des
blessés et leur prodiguer les premiers soins. La journée
fut pleine d'anxiété ; cependant pas un coup de canon ;
pas de nouvelles. Enfin vers 7 heures nos troupes rentrent; il n'y avait pas eu de combat. Le but de la sortie
avait été atteint sans effusion de sang. Ce corps d'armée avait tenu l'ennemi en alerte et l'avait empêché
de porter secours sur les autres points attaqués. Le
lendemain on ne devait pas en être quitte à si bon
marché.

30 *novembre*. — A trois heures du matin on sonne le
rappel, les gardes nationaux se réunissent et à 4 heures
on leur assigne leur poste. Ils vont relever les soldats
dans les forts et sur les remparts; ceux-ci sortent de la
ville dans le même ordre que la veille. Depuis sept heures
du matin jusqu'à 5 heures du soir la canonnade s'est fait
entendre sans interruption. Nos deux forts et les remparts
tiraient à qui mieux mieux. C'était terrible ! les coups
ébranlaient la terre ; l'un n'attendait pas l'autre ; j'ai
compté 27 coups en deux minutes partis du même fort.
Qu'on se figure les formidables accords qui résultaient

de la détonation simultanée des canons de divers
calibre. Le but de cette canonnade était de déloger les
Prussiens qui s'étaient fortifiés soit dans des maisons,
soit derrière des redoutes hérissées de canons et inac-
cessibles à nos troupes. Cependant l'action s'était enga-
gée à deux lieues environ de St-Denis; vers deux heures
de l'après-midi les voitures commencèrent à apporter
des blessés à l'ambulance ; pour la plupart ils étaient
grièvement blessés ; les voitures allaient au pas afin
d'éviter les secousses. Plusieurs moururent en chemin.
On porte à 100 le nombre des blessés, mais je crois qu'on
est resté au-dessous de la vérité. Le lendemain matin,
M. le Curé de St-Denis accompagné de quelques
messieurs se rendit sur le champ de bataille pour
donner la sépulture aux défunts, car le combat s'était
terminé trop tard pour qu'on pût les ensevelir le soir
même. Ils trouvèrent 36 des nôtres, sans compter ceux
qui moururent en chemin ou dans la nuit : 10 mobiles,
4 marins et 22 soldats de la ligne. Ils les enterrèrent
dans trois fosses différentes, selon les corps dont ils faisaient partie. Presque tous avaient un scapulaire et un
chapelet. Pauvres jeunes gens ! pauvres familles ! que
de larmes lorsqu'on va pouvoir se communiquer
des nouvelles ! Le résultat de la journée était satis-
faisant ; nous avions fait 75 prisonniers aux Prussiens
et pris 2 mitrailleuses. L'ennemi nous avait fait 22 prisonniers. On s'accorde à dire que les pertes du côté des
Prussiens l'emportent de beaucoup sur les nôtres. La
canonnade s'est fait entendre dans le lointain toute la
journée.

1er *décembre.* — Il n'y a pas eu de combat ; les
canons se sont reposés. La balustrade la plus élevée de

l'abbaye n'a cessé hier et aujourd'hui d'être occupée par des marins et des notabilités militaires. Des longues vues sont établies dans toutes les directions et permettent de suivre tous les mouvements de l'ennemi, Paris est toujours fermé et on est sans nouvelles.

2 décembre. — Rien de remarquable à St-Denis. Dans le lointain on entend une canonnade terrible et continue comme celle qui nous a si péniblement impressionnés avant-hier.

3 décembre. — Ma sœur supérieure reçoit connaissance de l'arrêté municipal qui supprime les deux sœurs chargées de la visite des pauvres à domicile. Le programme franc-maçonnique est suivi docilement. « Cela donne trop d'importance aux sœurs, a-t-on dit au Conseil. » Nous savons ce que ces paroles veulent dire.

4, 5 et 6 décembre. — Les journées s'écoulent dans l'anxiété. Les nouvelles sont mauvaises ; nos troupes ont dû se replier sur Paris. Silence complet aux forts et aux remparts.

7 décembre. — La municipalité réquisitionne d'urgence les chevaux et les ânes ; ces animaux vont être livrés à la consommation à la place de la viande de boucherie qui touche à sa fin. — Encore un maraudeur atteint par une balle prussienne ; sa blessure est sans gravité.

11 décembre. — Depuis plusieurs jours, il n'y a plus de viande à Paris ; on reçoit un morceau de morue ou des légumes secs à la place de la ration ordinaire. La mortalité augmente à Paris ; du 27 novembre au 3 décembre il y a eu 2,023 décès, et du 4 décembre au 10 décembre 2,455. Sur ces chiffres il y en a plus d'un

tiers de la petite vérole. Cette terrible maladie devient
une espèce de peste ; les malades succombent en quelques heures surtout lorsque la petite vérole est accom-
gnée d'hémorragie. Le froid devient intense ; nous
avons 10 et 12 degrés. Depuis quelques jours la neige
couvre la terre. Qu'on se figure quelle est la position
de nos soldats et des gardes nationaux qui, par cette
température, font 12 et 24 heures de garde en pleins
champs. Mon Dieu, combien durera encore cette
épreuve ?

12 *décembre.* — Le mauvais temps retarde les opérations militaires. Le verglas d'aujourd'hui empêche
une grande sortie qui devait avoir lieu du côté de St-
Denis. On n'entend que quelques coups de canon.

17 *décembre.* — Il ne s'est rien passé d'extraordinaire jusqu'à ce jour. Le dégel des jours précédents
nous a dotés d'une boue épaisse et d'une humidité plus
fatigante que le froid le plus intense. Impossible de
songer à une sortie ; les canons et les chariots auraient
enfoncé jusqu'à l'essieu. Hier et aujourd'hui le temps
semble s'être raffermi ; aussi tout prend l'aspect d'un
grand coup. Tous les blessés transportables partent
pour Paris à l'heure où j'écris ; on s'est assuré du
concours des sœurs pour le service de 100 lits qu'on a
installés dans un dépôt de sûreté qui a été évacué
avant la guerre. Dans la matinée quelques coups de
canon ; c'était presque nouveau ; nos oreilles sont
tellement accoutumées à ce bruit qu'il manque quelque
chose lorsqu'on est plusieurs jours sans l'entendre. —
A défaut d'événements, je vais rapporter les détails
d'un marché qui s'est conclu hier sous les yeux et par
l'intervention d'une de nos sœurs. Elle était allée voir

des pauvres dans la plaine qui s'étend de Paris à St-
Denis. En entrant dans une maison elle trouve un
membre de la société internationale qui débattait un
prix avec le maître du logis. Le lot en vente se com-
posait de : un lapin, une poule, quinze petits choux, une
grosse poignée de poireaux et une petite corbeille de
betteraves. « Ma sœur, dit l'acquéreur, vous arrivez
« bien à propos ; tâchez de décider ce brave homme à
« me vendre ces légumes et à se désister un peu du prix
« qu'il en demande. Nos pauvres soldats (des ambu-
« lances) meurent de faim ; ils n'ont que du riz à l'eau
« et si peu de viande qu'il n'y en a que pour les yeux.
« Je leur cherche des légumes, mais mes moyens ne me
« permettent pas d'y mettre le prix demandé. Du lot
« que voilà il en veut 120 francs ! Je vous en prie, ma
« sœur, faites quelque chose de votre côté ; j'ai trop de
« regret de laisser là ces légumes. » La figure de ce
monsieur accusait une profonde tristesse. La sœur
employa son éloquence et, grâce à l'influence qu'elle
exerce, elle parvient à faire adjuger les deux volailles
et les légumes pour la modeste somme de 100 francs.
Le même acheteur venait de payer deux décalitres d'oi-
gnons, 40 francs. Je n'ai encore rien dit du lait. Je ne
sais comment j'ai oublié de noter les prix auxquels il
est monté progressivement. Il atteint 2 francs le litre.
La plupart des vaches ont été réquisitionnées pour
l'alimentation ; cependant la municipalité en a conservé
quelques-unes pour satisfaire aux besoins des enfants.
Le lait n'est vendu que sur des bons délivrés à la mairie, et quel lait !... Les œufs valent 1 franc.

18 *décembre*. — Nous commençons aujourd'hui le
quatrième mois de blocus, le quatre-vingt-douzième

jour de cette épreuve inouïe ; notre position me semble un songe ! La plupart de ceux qui subissent cette angoisse prolongée ne pensaient pas que Paris résisterait si longtemps. Mais que de souffrances physiques et morales paient cette résistance que nous opposons à l'envahissement ! Encore si les efforts de tant de milliers d'hommes étaient couronnés de succès, on oublierait tout ce que l'on souffre; mais on s'accorde à dire qu'après avoir subi toutes les privations qui pèsent sur nous, nous serons forcés par la famine d'ouvrir nos portes aux vainqueurs. Les hommes discutent cette situation selon les idées de leur esprit, et comme ils ne s'élèvent pas au-dessus de la terre ils n'en trouvent pas la solution. Pour ceux qui étudient la question en Dieu et avec les yeux de la foi la réponse est facile : Dieu n'est pas avec nous ! On l'a mis de côté; on a dit qu'on pouvait se passer de Lui, du Pape et de la Religion, et Dieu nous fait sentir ce qu'est la France sans le secours du Ciel ! Et nous sommes tombés dans le plus déplorable état d'humiliation et d'abaissement. Nos ennemis mêmes se chargent de nous rappeler les plus dures vérités. Un prisonnier prussien disait l'autre jour : « Vous autres, Français, vous ne gagnerez pas ; Dieu est avec nous !... Vous autres, Français, avoir pas de religion... pas servir Dieu... travailler le dimanche... vous ne gagnerez pas! Nous, protestants, avoir plus de religion que vous : Dieu nous protége. Vous, à Paris, un tas d'impies qui n'ont point de Dieu! » Et combien de fois a-t-on entendu de ces paroles sortir de la bouche de nos ennemis. Il y a de quoi nous couvrir de honte et de confusion ! Mais pour en revenir aux obstacles matériels qui retardent notre délivrance, les prisonniers prussiens s'accordent à dire qu'ils sont aussi bien fortifiés dans leurs positions que nous le sommes à Paris, et cette proposition s'accorde avec les données qu'on a recueillies lors des dernières sorties : tranchées, redoutes, fortifications garnies de canons, etc., rien ne leur manque.

19, 20 *décembre*. — Ces deux journées sont consacrées aux préparatifs que nécessitent les grands coups. Grand arrivage de troupes et d'artillerie; les soldats reçoivent des vivres pour quatre jours et ordre leur est donné de se tenir prêts à partir pendant la nuit. Les gardes nationaux sont prévenus qu'on sonnera le rappel pour les réunir. Par une précaution fort sage, mais hélas! inutile, le rappel n'eut point lieu au son du clairon afin de ne pas donner l'éveil aux Prussiens; les gardes nationaux s'appelèrent entre eux. Figurez-vous quel tumulte! Depuis minuit on ne cessa de frapper aux portes et d'appeler les citoyens trop bien endormis. J'ai dit que cette précaution avait été inutile; en effet, nos ennemis étaient prévenus du jour et de l'heure de l'attaque, et ce jour-là même, à une heure du matin, les Prussiens qui défendaient le point que nous devions attaquer reçurent l'ordre de résister jusqu'au dernier homme, tant la position était importante.

21 *décembre*. — Cependant nos troupes sortirent de la ville à quatre heures du matin; il y avait près de 100,000 hommes, 100 canons et autant de mitrailleuses, le tout soutenu par les pièces formidables qui garnissent les forts de l'Est et d'Aubervillers; il s'agissait de prendre le Bourget, point important à plusieurs égards. A sept heures du matin, les détonations de nos forts annoncèrent le commencement du combat; les coups étaient répétés et terribles; nous en comptâmes 180 en

quelques minutes ; nous nous arrêtâmes ; on ne pouvait plus compter. Cela dura jusque vers midi avec quelques arrêts. Les maisons s'effondraient sous les coups redoublés des boulets, et c'est à peine si l'on parvenait à entamer les énormes redoutes derrière lesquelles les Prussiens se sont fortifiés. Cependant nos marins s'étaient jetés, l'épée à la main, dans les maisons pour faire sortir les Prussiens qui tiraient de là sur nos troupes. C'était une vraie boucherie ; nous avons perdu là de braves soldats, intrépides comme des marins, c'est le cas de le dire. Tous les soldats présents à l'action s'accordent à leur rendre ce témoignage. Il resta sur le champ de bataille trois officiers de marine, d'environ 25 ans. Leurs familles ne se doutent pas qu'elles n'ont plus de fils, et combien qui sont dans le même cas ! Le champ de bataille mesurait plusieurs kilomètres ; mais le fort de l'action était au Bourget. La crainte que ce point n'eût été miné par l'ennemi empêcha les généraux de s'y établir, d'autant plus que ce n'était qu'une diversion ; aussi à deux heures on arrêta le feu et nos troupes rentrèrent à Saint-Denis. Nous avions eu environ 200 morts et 400 blessés ; c'est dire que les ambulances furent bientôt pleines. Les blessés arrivaient transis de froid ; il y a bien six kilomètres du Bourget à Saint-Denis ; un grand nombre étaient portés sur des brancards ; quelque prompt que fut le service des voitures leur nombre était insuffisant. Il gelait à quatre degrés. Figurez-vous que par ce froid il fallut laisser un grand nombre de blessés sur le champ de bataille. Les Prussiens tiraient impitoyablement sur ceux qui allaient à leur secours ; ces malheureux faisaient signe à leurs camarades d'aller les chercher ; mais tous ceux qui répondirent à cet appel furent couchés par **terre,** atteints eux-mêmes par une balle. Un frère des écoles chrétiennes ne fut pas plus épargné ; il fut frappé en pleine poitrine et apporté à Saint-Denis avec les blessés. *(Il est mort de cette blessure le 24 décembre.)* Il y a lieu d'espérer qu'après le départ de nos troupes les Prussiens auront relevé les blessés qui étaient tombés près de leurs batteries ; l'ambulance dont nous étions chargées reçut 57 blessés ce jour-là. Plusieurs moururent dans la nuit et le lendemain. Dans toute cette affaire les Prussiens n'envoyèrent qu'un abus sur St-Denis ; il éclata à l'extrémité de la ville et blessa plusieurs personnes.

22 décembre. — Le combat devait recommencer ; mais la vedette placée sur la tour de l'abbaye ayant signalé de nombreuses colonnes prussiennes se dirigeant sur le Bourget, on ne jugea pas à propos d'aller les chercher ; on se contenta de leur envoyer quelques obus pour les dénicher des maisons encore debout. Voilà un village qui était très-florissant il y a quelques mois ; aujourd'hui c'est un amas de ruines. Nous connaissons un père pour qui le Bourget restera un triste souvenir : son fils aîné y fut tué le 30 octobre et le plus jeune a eu le même sort avant-hier. Que de larmes !

24 décembre. — A minuit nous avons été réveillés par des détonations formidables ; la terre en tremblait ; malgré soi on se sentait saisi de crainte. Nous avons sujet de craindre, en effet ; les Prussiens, qui se sont promis de faire Noël à St-Denis, s'avançaient en nombre pour s'emparer d'une redoute garnie de canons qui a été établie un peu en avant des forts ; mais les dits canons ont parlé si haut que nos ennemis n'ont pas pu approcher; ils ont remis la partie à une autrefois. Je ne sais s'ils entreront à St-Denis le jour de Noël ; mais ils n'y seront pas pour la messe de minuit, car j'écris ces lignes à onze heures du soir et tout est calme. La journée s'est passée sans incident remarquable.

25 *décembre*. — A minuit juste, au moment où la messe commençait, la canonnade s'est fait entendre ; c'était doublement douloureux ; on ne pouvait penser que nos canonniers voulussent fêter à leur manière l'heure où les Anges annoncèrent la paix aux hommes de bonne volonté. Il fallait revenir à la triste réalité et voir des frères s'égorger entre eux sans que la solennité d'aujourd'hui puisse arrêter les hostilités. Oui, s'égorger entre eux, et pourquoi ?..... et jusqu'à quand ?..... C'est le secret de Dieu. Dix degrés au-dessous de zéro.

26 *décembre*. — Il faut un permis de l'amiral, commandant à St-Denis, pour entrer dans Paris, et les permis s'accordent très-difficilement. Dans la visite que l'amiral La Roncière le Nourry a faite à l'Hôtel-Dieu, il a eu la bienveillance de nous dire qu'il avait trouvé des Filles de la Charité sur tous les continents et qu'il en avait reçu de très-grands services. Le froid continue à être excessif; on a trouvé plusieurs soldats morts de froid, et quelques-uns ont succombé debout, appuyés sur leurs fusils.

28 *décembre*. — La canonnade n'a pas cessé depuis vingt-quatre heures. Nous apprenons que les Prussiens bombardent les forts d'Issy, de Vanves et de Montrouge. L'aumônier qui présidait les réunions des militaires, à St-Denis, lors de l'orage du 31 octobre 1870, vient d'être tué, sur le plateau d'Avron, ainsi que quelques officiers, par un obus prussien.

31 *décembre*. — Le bombardement de St-Denis est annoncé pour demain; est-ce encore une fausse alerte? Je ne sais. Ce qu'il y a de certain, c'est que les soldats qui campaient dans des barraques ont été transférés dans les casemates des forts. Les chefs leur ont dit : « Là, vous serez à l'abri des bombes. » — Le manque de combustible est une des plus dures privations du siége. On manque de chocolat, de bougie, etc , etc., parce qu'il n'y a plus de charbon pour faire marcher les fabriques. Les beaux arbres qui ombrageaient les routes qui conduisent à Paris ont le même sort que les bois de Vincennes et de Boulogne; on coupe tout pour se chauffer et s'alimenter. Le vide se fait de plus en plus autour de Paris ; la campagne prend l'aspect d'un désert affreux couvert de ruines amoncelées. On voit que la colère de Dieu a passé par-là. Nos forts détruisent peu à peu les villages et les villas encore debout. Nous nous détruisons par nos propres mains. Peut-on concevoir un aveuglement plus grand que celui d'un peuple qui ne comprend pas qu'un désastre aussi complet est une punition du Ciel !

1er *janvier* 1871. — La journée touche à sa fin et nous n'avons reçu aucun projectile ennemi. Quel triste jour de l'an ! Il va sans dire que les visites aussi bien que les étrennes ont été supprimées par la force des choses. Aujourd'hui, nous avons remis les clefs du local des écoles communales, et une institutrice laïque a été installée à notre place. Les frères des écoles chrétiennes ainsi que nos sœurs ont ouvert des classes libres dans des maisons louées à cet effet. Les uns et les autres ont été suivis par la presque totalité de leurs enfants, et ils poursuivent en paix la mission qu'ils remplissent pour la gloire de Dieu. Impossible de dire le dépit de la municipalité. Les Dames de charité ayant sollicité avec les plus vives instances la conservation des sœurs qui visitent les pauvres et dont le renvoi avait été décidé, M. le Maire s'est rendu à leurs représentations et a révoqué l'ordre de renvoi. — Le fait le plus saillant de cette journée a été la désertion presque complète de la garnison de St-Denis. Nos soldats n'ont pas pu fêter le 1er janvier sans aller à Paris. J'ai déjà insinué que les troupes sont consignées depuis longtemps et qu'on ne délivre des laissez-passer pour Paris que très-difficilement. Les soldats ont donc préparé leur coup à l'avance : travestissement, faux laissez-passer, tout a été mis en usage ; il y en a même qui ont contrefait le cachet de l'amiral. Mais c'était peine inutile ; les soldats étaient si nombreux sur la route de Paris, que tout contrôle et toute résistance ont été impossible. Il était plus sûr de laisser passer le torrent. Les marins s'étaient réunis en nombre et avaient arrêté que si on leur refusait l'entrée de Paris ils enlèveraient le poste qui garde la porte ; mais ils n'eurent pas besoin d'en venir à cette extrémité. On évalue à 20 ou 25,000 le nombre de soldats de divers corps qui ont déserté St-Denis. Et si les Prussiens avaient tenté une attaque sérieuse sur la ville, ils seraient entrés sans coup férir. Il n'y avait pas 10,000 hommes pour la défendre.

2 janvier. — La distribution de soupe qui est commencée depuis deux mois, atteint des chiffres qu'elle n'avait jamais connus : plus de 1,300 portions par jour. Le plus grand nombre de ceux qui participent à ce bienfait n'ont que cela et du pain pour vivre. Aujourd'hui il y a eu une distribution extraordinaire. Un particulier qui avait tué son cheval et qui allait à Paris le vendre la modeste somme de 6 francs le kilog. a été arrêté et la viande a été confisquée au profit des pauvres. On peut se faire une idée de la voracité et de l'avidité avec laquelle ces pauvres gens regardaient et dévoraient le morceau de viande qu'on avait mis, ce jour-là, dans la soupe. Il y a plusieurs mois qu'ils n'en ont pas mangé. J'en ai vu plusieurs qui n'ont pas attendu d'être chez eux ; ils se sont mis à genoux dans notre cour, par une température de 10 degrés, et ont englouti le morceau de viande, et en peu de temps, je vous assure. D'autres plus raisonnables prenaient le morceau d'une main, le retournaient en tous sens, le léchaient, puis le remettaient dans la soupière.

3 janvier. — Il n'y a plus de gaz ; Paris et St-Denis se trouvent à l'unisson avec les petits bourgs et les petits villages. Nous sommes éclairés par des quinquets.

4 janvier. — La farine commence à manquer. Les boulangers ont reçu l'ordre de ne plus en vendre, comme aussi de ne plus faire de pains de luxe. On a adopté une forme unique, d'où il résultera de l'économie. Défense est faite de vendre du pain aux soldats ; ils doivent se contenter de celui de la caserne. Les boulangers cuisent jour et nuit, et ils ne peuvent suffire à la consommation. Il n'y a que du pain à manger. Il est bon. A Paris, il n'y a plus que du pain bis ; à St-Denis on y mettra bientôt de l'avoine.

5 janvier. — On nous écrit de Paris pour nous offrir l'hospitalité. Le bruit court que St-Denis est bombardé et presque en feu. Comme on fait les nouvelles ! Nous n'avons pas reçu un obus ; mais tout fait pressentir que nous ne tarderons pas à être l'objectif des projectiles prussiens. On accomplit de grands travaux dans l'abbaye à l'effet de préserver les monuments les plus précieux. Je ne parle plus des coups de canons tirés tant le jour que la nuit ; c'est tellement passé en habitude qu'on n'y fait plus attention.

6 janvier. — Le bombardement de Paris est commencé depuis hier ; il y a eu de graves accidents. Tout le monde se retire dans les caves. C'est sur les quartiers de Vaugirard et de Montrouge que les Prussiens commencent à tirer. Les obus vont jusqu'à la rue de Sèvres et même jusqu'à la Seine. L'église de St-Sulpice, entre autres, a éprouvé plusieurs dégâts. Notre maison-mère a payé son écot ; un obus est tombé pendant la nuit sur une infirmerie ; il a renversé un pan de muraille et fait voler en éclat les meubles qu'il a atteints. Par une attention manifeste de la Providence, aucune de nos sœurs n'a été atteinte, bien qu'il y en eût plusieurs couchées dans l'appartement qui a été effondré.

12 janvier. — Rien de bien saillant à St-Denis pendant les jours qui précèdent. On entend dans le lointain une canonnade terrible et continue. M. l'amiral prépare la population à un bombardement qu'il juge imminent. Il nous a fait dire de prendre des mesures pour mettre les malades dans les caves. Il n'a reçu aucune sommation ; mais il résulte des rapports des avant-gardes et des espions que de nombreux canons sont braqués sur St-Denis. Les Prussiens ont coupé, ces jours derniers, les arbres qui pouvaient gêner leur tir. Tout ce qui restait de blessés dans les ambulances a été transporté

à Paris. Les immenses caves de la Légion d'honneur
serviront de refuge à nos soldats qui y seront à l'abri
des bombes. Les habitants ont été prévenus au son du
tambour de se tenir prêts à tout événement, de rester
chez eux et de fermer tous les cabarets à huit heures.

13 *janvier*. — La nuit dernière, à dix heures, nous
avons été réveillées par des détonations terribles. Les
Prussiens ont essayé d'approcher du fort d'Aubervillers,
qui depuis longtemps est l'objet de leur envie. On les
a laissés venir à portée ; alors ils ont été accueillis par
une fusillade et une décharge générale de tous les canons du fort et des redoutes voisines. Le silence de la
nuit laissait arriver jusqu'à nous le bruit de la fusillade
qui a duré une heure et demie. Alors l'ennemi s'est retiré laissant quelques centaines de morts et de blessés.

14 *janvier*. — Un garde national vient d'assassiner
son propriétaire qui réclamait un loyer assez arriéré.
C'est tellement à l'ordre du jour de ne pas payer son
loyer que les locataires qui remplissent ce devoir jettent
dans l'étonnement les propriétaires eux-mêmes. Le
citoyen en question n'a rien vu de mieux à faire que
d'envoyer une balle à son créancier.

15 *janvier*. — La température, qui avait paru se
radoucir, est descendue aujourd'hui à 4°. Ajoutez un
grésil et un vent glacial et vous aurez une idée de
l'hiver que nous sommes obligés de traverser et dont les
rigueurs se prolongent au delà de toutes les prévisions.

16 *janvier*. — Depuis hier, nous mangeons du pain
noir ; n'allez pas croire que ce soit un bon pain de mé-
nage ; il n'y aurait pas grande privation. Ce pain est
fait avec la farine que le gouvernement donne ; c'est un
mélange de toutes sortes de grains : froment, seigle,

avoine et riz. Il y a tout le son ; il est peu appétissant. Lorsqu'on se porte bien on passe encore sur cela, mais les pauvres malades ! rien que la vue du pain leur ôte l'envie de manger.

17 janvier. — Il y a encore un peu de bœuf pour l'Hôtel-Dieu ; mais bien peu. Dans les boucheries, les distributions ont toujours lieu deux fois par semaine ; on donne du cheval une fois et la seconde fois des légumes, riz, haricots, etc. ; mais tout cela est si rationné, qu'il y en a juste pour ne pas mourir de faim. Il n'est pas besoin de dire que dans de semblables conditions les malades ne manquent pas. Jamais nous n'avons eu autant d'ouvrage. Nos salles sont pleines et ne suffisent pas aux besoins. A la pharmacie, nous avons délivré dans une seule journée jusqu'à 107 ordonnances gratuites. Du 1er janvier au 15 nous en avons délivré 558 dans les mêmes conditions.

18 janvier. — Nous commençons le cinquième mois du blocus ; j'espère bien qu'il ne se terminera pas sans apporter une amélioration à notre position ; il est difficile d'ailleurs que l'on tienne longtemps. Le pain manquerait. Que les cœurs sont tristes ! Depuis quelques jours le bruit du canon ne cesse de gronder dans le lointain. Le bombardement de Paris continue ; nous l'entendons distinctement ainsi que la riposte des forts et des remparts. La partie bombardée est tout à fait à l'opposite de St-Denis. Le bruit et le désir d'une sortie en masse s'affermissent de plus en plus.

20 janvier. — La tristesse est à son comble. Nous apprenons que la sortie d'hier n'a pas réussi. Après avoir perdu bien du monde nos troupes ont dû se replier et abandonner le soir les positions qu'elles avaient prises

le matin. De St-Denis nous avions entendu le canon
toute la journée et même par moment le bruit des
mitrailleuses qui ressemble assez à la déchirure du
calicot neuf.

21 janvier. — Nous commençons la journée sans nous
douter qu'elle serait une date mémorable. A 8 heures et
demie du matin nous entendons des détonations qui ne
ressemblaient pas aux détonations de nos forts ; en même
temps une agitation inaccoutumée se produit dans la
rue. La vedette placée sur le parapet le plus élevé de
l'abbaye faisait des signes précipités. Cependant les
détonations se succédaient sans interruption ; il n'y
avait pas à en douter, le bombardement de St-Denis
était commencé. Il n'y avait eu ni sommation, ni
avertissement. En un instant les écoles furent li-
cenciées, les fenêtres fermées et les postes de sa-
peurs-pompiers organisés. De moment en moment la
position devenait plus périlleuse ; les obus pleuvaient
sur la ville ; bientôt les rues furent désertes. Je
voulus me rendre compte de l'effet que produit un
obus en éclatant. Je montai à l'étage supérieur de la
maison ; c'était une imprudence, je l'avoue ; et j'at-
tendis, les yeux tournés vers l'abbaye qui semble être le
point de mire des projectiles ennemis. Il en tombe un,
puis deux, puis un troisième dont un éclat vient briser
la fenêtre et les vitres d'une de nos salles, et cela à 250
mètres. En tombant l'obus forme un éclair, puis une
explosion semblable à celle que produit le canon qui l'a
envoyé. J'en avais assez. Toute la journée les obus ont
sifflé sur nos têtes. On peut comparer le bruit qu'ils font
en coupant l'air au bruit d'une fusée, ou encore au
bruit lointain d'un train de chemin de fer qui passe su

l'eau ou qui traverse une gorge. Mais ces comparaisons
ne peuvent donner une idée de la vitesse des projectiles.
Instinctivement on se couche par terre lorsqu'on les
entend siffler près de soi. Notre position à côté de l'abbaye nous expose à être criblés. La journée est termi-
née ; nous avons reçu quelques blessés par les obus ;
une femme entre autres qui a le ventre ouvert. Son
mari et deux de ses enfants ont été tués à côté d'elle.

22 janvier. — Quel triste dimanche ! Il n'y a eu aucun
office religieux à l'église paroissiale qui a été gravement
atteinte par les obus. Quelques-uns ont brisé des pierres
de taille de 80 centimètres d'épaisseur. Nous avons eu la
messe dans notre chapelle ; notre aumônier s'est exposé
à la dire. Les obus ont passé si près de nous que, deux
fois surtout, nous avons fait un mouvement involontaire
en arrière ; nous avons cru qu'ils emportaient le chœur
de notre chapelle. Toute la population est dans les
caves ; il n'y a de sécurité que là. Déjà hier plusieurs
d'entre nous ont transporté leurs lits dans la cave, afin
d'avoir au moins la nuit pour nous reposer des émotions
et des fatigues du jour. Quelques esprits-forts nous ont
raillées... Mais attendons la fin ! A partir de demain le
pain sera rationné ; 300 grammes par jour. Qu'est-ce
que cela ? nos malades le mangent à chaque repas ! Les
maisons qui nous entourent ont presque toutes reçu
quelque obus ; nous sommes environnés de ruines. C'est
désolant. De nos fenêtres nous les voyons pleuvoir sur
l'abbaye et sur les maisons voisines ; des éclats sont
tombés dans notre jardin. A huit heures du matin
l'amiral est parti avec dix pièces de canon pour prendre
en flanc la batterie qui nous bombarde. Les efforts de
nos remparts et de nos forts sont impuissants à leur

imposer silence. Est-ce à ce mouvement défensif de l'artillerie que nous avons dû le ralentissement du tir, de deux à quatre heures. Je ne sais. A partir de ce moment le feu a recommencé de plus belle. Quelle nuit ! De la cave nous avons entendu sans interruption le sifflement des bombes. La sœur qui veillait en a compté cent en moins d'une heure qui ont passé sur sa tête ; elle s'est arrêtée fatiguée de compter. Lorsque nous nous assoupissions un moment nous étions aussitôt réveillées par le craquement épouvantable d'une maison dont les étages supérieurs s'affaissaient sous le poids d'un obus. Et l'éclat de l'obus ! c'est effrayant ! On ne peut pas dire ce que c'est, ni le faire comprendre. C'est une détonation qui ôte le sentiment de ce qui se passe autour de soi. Lorsque l'obus éclate, on se cache la tête dans les mains et on n'ose plus regarder. Je comprends que ceux qui sont tués ou blessés ne le sachent pas et n'aient aucun sentiment de leur malheur. Et les effets des obus ! mais le récit de nos désastres nous les dira assez. J'ai dit que pendant la nuit le tir avait été terrible. Un incendie dont on n'a pu se rendre maître, parce que les prussiens tiraient sans relâche aussitôt qu'ils en ont aperçu la lueur, a réduit en cendres un moulin à blé qui était d'une grande utilité. On n'a pu aborder ; les obus pleuvaient. Il ne reste plus que les quatre murs; deux jours après le foyer fumait encore.

23 *janvier*. — A 8 heures et demie du matin, quarante-huit heures après le commencement du bombardement, nous entendons un obus qui sifflait plus près que de coutume. « En voilà un, dis-je, qui n'ira pas loin ! » Je n'avais pas fini ces mots qu'il tombait sur la salle

des femmes. « C'est chez nous, criai-je ! » Je sors et je vois la fumée qui sortait du grenier effondré. En un clin d'œil les pompiers et nos employés se rendirent maîtres de l'incendie qui venait de se déclarer. L'obus que nous venions de recevoir est un de ceux lancés par les fameux Krupp ; sa forme est celle d'un pain de sucre ; la base a 15 centimètres de diamètre et 5 centimètres d'épaisseur. Cette base qui est demeurée intacte, bien que l'obus ait éclaté, pèse 5 kilogrammes. Par un bonheur providentiel l'obus est tombé perpendiculairement sur le mur de la maison, ce qui lui a fait perdre une partie de sa force ; s'il était tombé un demi-mètre plus en dedans il enfonçait le plafond de la salle et aurait tué ou mutilé les malades. Nous n'avions aucun accident à déplorer. Je ne parle pas des pertes matérielles.

Les ardoises sont cassées sur une superficie de plus de 200 mètres ; toutes les vitres de ce corps de bâtiment sont brisées ; les poutres emportées et les draps qui étaient étendus dans ce grenier pilés, écharpés, mis en lambeaux. Nous étions à peine remises de l'émotion causée par cette première visite des Krupp qu'un craquement épouvantable se fait entendre ; une deuxième bombe venait de tomber dans la maison. Elle avait pris en flanc une salle située au rez-de-chaussée, avait enfoncé, fracassé deux ou trois lits, brisé quatre tables de nuit, haché le plancher sur une superficie de plusieurs mètres, déchiré les rideaux, cassé vitres et fenêtres, défoncé les portes ; écharpé le matelas sur lequel un pauvre enfant était couché. Par un bonheur miraculeux l'enfant n'a eu aucun mal. Les malades de cette salle étaient en grande partie dans la salle voisine. Encore aucun acccident à déplorer. Une demi-heure après, une troisième bombe vint tomber à quelques mètres de la deuxième, brisa une pierre de taille de 80 centimètres d'épaisseur et s'enfonça dans le plancher sans causer d'autres dégâts. A peine avions-nous respiré qu'un quatrième obus tombe à l'angle d'une fenètre, au premier étage, fait voler en éclats des blocs de pierre, le balcon, la grille, vient casser un lit, démolir une table, briser des armoires, etc., etc. Nos malades étaient là et aucune n'a été atteinte. Pour le coup il n'y eut plus moyen de retenir nos malades dans leurs lits. Quatre obus dans une heure et demie! Les blessés, les mourants, les jambes cassées, les vieillards, les impotents ; tous se sauvaient de leurs salles en nous criant : « Ma sœur, ne me laissez pas mourir ; mettez-moi à la cave! » Nous nous hâtons ; nous les entassons dans les caves en plaçant des matelas sur la paille et sur des tas de pommes de terre. Nos salles n'étaient plus habitables ; pendant que nous procédions à cette translation il nous semblait que la maison allait s'effondrer sur nous. Les obus pleuvaient sur les maisons voisines. Pour comble d'infortune, on nous apportait des blessés en masse et nous avions la douleur de les refuser ; nos caves étaient insuffisantes et le danger était imminent dans les salles. Un de nos administrateurs, intrépide au milieu des obus, s'occupa immédiatement des moyens d'évacuer nos malades sur Paris ; mais ses efforts furent inutiles pour cette journée. Ni ses supplications, ni les ordres de l'amiral qui lui donnait droit de réquisitionner, aucune autorité ne put déterminer les voituriers à exposer leur vie et celle de leurs chevaux. Il y avait, en effet, danger évident ; les obus sillonnaient les rues qui sont d'ailleurs pleines de décombres. Il fallut écrire à Paris ; cela demanda vingt-quatre heures.

24 janvier. — La nuit a été affreuse ; pour nous mettre à l'abri des obus, même dans les caves, il a fallu blinder les soupiraux et les portes ; c'est-à-dire les garnir de matelas qui auraient amorti l'effet des projectiles, s'il en était tombé. Aucun n'a atteint notre maison cette nuit. Je n'ai pas besoin de dire que les plus esprits-forts se sont installés à la place des tonneaux, trop heureux de trouver un abri sous les voûtes. Ce n'est pas que cet abri soit inviolable : plusieurs obus, étant tombés au pied des maisons, ont enfoncé les murs les plus épais, sont entrés dans les caves où ils ont tué et blessé plusieurs personnes. — A trois heures du soir, les voitures d'ambulance arrivent enfin en nombre suffisant pour évacuer tous nos malades et nos vieillards. Ce fut un moment indescriptible. Ces pauvres gens qui craignaient, s'ils ne se hâtaient, de manquer de place, sortaient presque en chemise de la cave, les uns appuyés sur des béquilles, les autres se traînant sur leurs genoux. Nous suffisions à peine à porter les plus malades. Enfin, vers cinq heures, nous complétions la dernière voiture. Parmi nos malades se trouvait un enfant atteint de la danse-de-St-Guy ; une de mes compagnes et moi nous nous offrons à le porter sur nos genoux. Nous montons dans le dernier omnibus où se trouvaient déjà quatre convalescents, quatre vieillards et sept enfants. Par un bonheur tout providentiel, aucun obus n'est tombé sur nous ou près de nous pendant l'évacuation de nos malades ; nous les entendions siffler, mais le tir était dirigé sur un autre côté de la ville. Nous voilà donc partis pour l'hôpital de Lariboisière,

près le chemin de fer du Nord. On nous fait attendre
là trois quarts d'heure. Je me décide enfin d'aller trouver le directeur qui nous a sans doute oubliés. Il s'ex-
cuse de ne pouvoir recevoir nos malades : « Nous som-
« mes surchargés, me dit-il; les salles qui ont trente lits
« en ont maintenant cinquante. Voyez avenue Victo-
« ria, 3, près de l'Hôtel-de-Ville. » Nous nous dirigeons
vers l'adresse indiquée; il était sept heures et quart
lorsque nous y arrivons. Tous les bureaux étaient fermés ; personne pour nous répondre. A force de chercher dans cette immense maison, je finis par trouver
un employé complaisant à qui je pus faire comprendre
la position de notre hospice. Il nous fit un billet d'ad-
mission pour l'hospice des Incurables-Femmes, rue de
Sèvres, où nous arrivâmes vers neuf heures. Ajoutez à
ces tribulations une pluie battante, les cris et les larmes des petits enfants. Là, enfin, nos malades furent
admis ; nous voulions coucher à Paris, mais la rencontre d'une voiture d'ambulance qui revenait à St-Denis
nous fit changer de résolution. Arrivés aux portes de
Paris, le pont était levé ; mais l'administrateur qui
nous accompagnait a un laissez-passer si étendu que,
moyennant un quart d'heure d'attente, le pont-levis
s'abaissa devant nous et nous franchîmes la barrière.
Déjà nous entendions les obus qui pleuvaient sur St-
Denis et la riposte de nos forts. La ville était dans la
plus profonde obscurité. Notre conducteur éteignit ses
lanternes parce que la moindre lueur attire les obus
ennemis. Ce fut en tâtonnant que nous arrivâmes sans
accident à l'Hôtel-Dieu à onze heures du soir. Avons-
nous besoin de dire que nous retrouvâmes avec plaisir
nos lits au fond de la cave. Cette nuit a été la plus

terrible du bombardement ; elle n'était que le prélude d'une journée plus terrible encore pendant laquelle le feu a été incessant et continu.

25 janvier. — A la fin de cette cinquième journée les calculs les plus modérés portaient à 30,000 le nombre des projectiles que l'ennemi a envoyés sur la ville. Il y a peu de maisons qui n'aient été plus ou moins endommagées. Notre hospice a reçu dix obus dans la journée. Heureusement il ne restait que les sœurs et les employés ; la bonne Providence nous a protégés ; personne n'a été atteint. Lorsqu'on visite notre maison criblée et percée on ne peut s'empêcher d'appeler miraculeuse la protection dont Dieu nous a entourés. Cette même journée, mercredi, nous dûmes prendre tous nos repas à la cave ; le feu était si terrible qu'il y avait danger imminent à rester même au 1er étage. Nous ne traversions qu'en courant les pièces situées en face du tir. Je ne détaill rai pas les ravages causés dans notre maison par les dix obus qui sont tombés aujourd'hui ; cela me mènerait trop loin. Je noterai seulement cette particularité. L'un d'eux est entré dans notre chapelle en pulvérisant deux pierres de taille au sommet d'une fenêtre ; il n'a pas éclaté ; c'est le seul qui ait eu cette complaisance. Si cet obus avait éclaté nos belles boiseries et tout le mobilier de la chapelle étaient perdus et mis en poussière. Nous l'avons fait vider ; il contenait environ trois cents grammes de poudre. Vide il pèse 13 kilogs cinq cents grammes. Il a la forme d'un pain de sucre et mesure vingt-cinq centimètres de hauteur sur onze de diamètre à la base. Nous avons profité des moments où le feu semblait moins dirigé sur nous pour mettre tout le linge et la literie dans les caves ; c'est dans de tels moments qu'on regrette d'être si riche.

Notre pharmacie fut blindée avec des matelas ; mais cela ne nous empêchait pas d'être exposées dans les allées et venues. Notre pharmacie est la seule qui soit restée ouverte pendant le bombardement, et nous en avons fait le service avec beaucoup de régularité.

26 janvier. — Le feu est moins actif ; on peut sortir par moments de la cave. J'ai dû aller en ville ; j'ai pu apprécier l'étendue des dégats matériels ; ils sont immenses. Les rues sont pleines de décombres ; elles sont à peu près désertes, car il y a danger à sortir. Plusieurs obus ont éclaté à quelques mètres de moi ; je me suis hâtée de rentrer, ne voulant pas m'exposer à un danger inutile. Aux approches de la nuit le feu devient plus intense ; on s'empresse de se mettre à couvert dans les caves ; nous y dormons très-bien. Lorsque les obus éclataient près de nous où lorsqu'ils effondraient quelque charpente, nous nous réveillions en sursaut : « Il n'est pas tombé loin d'ici, disions-nous, » et on se rendormait. Cela est tellement vrai que nous ne nous sommes pas aperçu que depuis minuit on n'a plus tiré sur St-Denis.

27 janvier. — A cinq heures du matin on vient nous dire qu'il y a un armistice. On respire plus à son aise. N'allez pas croire que le bombardement soit fini pour nous ; nos oreilles se chargent de le continuer ; le moindre bruit, le moindre craquement est un obus qui siffle ou qui éclate. J'ai déjà insinué que les dégâts étaient immenses ; les morts et les blessés sont loin d'être en rapport, heureusement, avec les pertes matérielles. Il y a eu vingt-six personnes de tuées sur le coup et environ cent blessés ; un tiers au moins a dû

succomber dans les hospices de Paris où on les avait
transportés. Avec un peu d'attention on parvenait, en se
couchant par terre, à éviter l'effet le plus meurtrier des
obus ; les victimes qui ont été littéralement décapitées
n'avaient pas eu cette précaution. On nous en a apporté
qui avaient le crâne emporté ; une petite fille que ses
parents avaient eu l'imprudence d'envoyer chercher de
l'eau a été coupée en deux. L'abbaye de St-Denis a
particulièrement été éprouvée par les obus ; la tour en
a reçu quatre-vingt-dix à elle seule et l'église deux
cents environ. Les dégâts sont immenses ; mais ils sont
réparables ; les anciens monuments avaient été blindés.
Il y a eu dans le cours du bombardement trente-sept
incendies à St-Denis dont huit considérables. — Le
mauvais pain est une de nos plus dures privations ; si
elle devait se prolonger nous souffririons la faim ; on
n'en mange que juste ce qu'il faut pour l'apaiser. Nous
y trouvons des grains d'avoine, de seigle et des brins de
paille de deux centimètres de longueur.

28 *janvier*. — La journée est employée comme la veille
à remettre notre mobilier dans les appartements encore
habitables. Le silence le plus profond règne autour de
nous.

29 *janvier*. — Saint-Denis est compté comme une défense de Paris à cause de son enceinte fortifiée, autrement appelée Double couronne du Nord. D'après les
termes de l'armistice, la ville doit être occupée par
l'armée allemande comme tous les forts. En conséquence
nos soldats ont quitté la ville et les deux forts à deux
heures du soir, après les avoir dégarnis de leur artillerie. A trois heures les prussiens font leur entrée état-
major et musique en tête. De la chapelle, où je

4

répandais mon âme devant Dieu, j'entendais le bruit et les fanfares de cette entrée. Je m'abstiens de tout commentaire ; les cœurs encore français comprendront ce qui s'est passé dans le mien à ce moment et lorsque j'ai vu le drapeau prussien flotter sur nos édifices. Dès le soir il a été publié au son du tambour un ordre qui oblige à fermer toutes les portes, boutiques et cabarets à huit heures. Et cela par autorité prussienne ! O Pie IX ! que le ciel vous venge d'une manière éclatante ! Il nous est fait comme nous vous avons fait. Nous vous avons abandonné à l'oppression.... et maintenant nous sommes abandonnés de tout le monde !

30 janvier. — A 8 heures du matin un médecin allemand se présente et demande qu'on mette à sa disposition une salle pour les soldats qui pourraient tomber malades. Il choisit celle où les dégâts seront plus facilement réparés. Dans la journée nous avons reçu plusieurs visites de médecins et chirurgiens ; tous étaient étonnés des désordres causés par leurs obus. Ils sont d'ailleurs très-polis et nous ont exprimé leur plaisir de voir la guerre toucher à sa fin. L'armée allemande est logée chez les particuliers. L'état-major dispose à son gré des logements. A défaut de chambre qui convienne à ces messieurs les propriétaires sont obligés de céder la leur. Une discipline très-rigoureuse règne parmi eux. Les barrières de fer étant tombées du côté du Nord les provisions commencent à arriver ; il y avait du beurre et du fromage sur le marché. Un marché à St-Denis ! mais c'est un rêve ! Depuis quatre mois il n'en a pas été question !

1er février. — Paris est infranchissable ; les avant-postes prussiens vont jusqu'au milieu de la plaine qui

sépare St-Denis de la capitale. Leur consigne est rigou-
reuse et rigoureusement observée. Le bruit court qu'on
se révolte à Paris et qu'on ne veut pas de l'armistice
conclu avec l'autorité allemande ; mais on ne sait rien
de positif.

2 *février*. — La faim fait sortir le loup du bois ; les
parisiens apprenant que St-Denis est approvisionné
font des efforts inouïs pour y venir. Il y en a qui ont
traversé la Seine sur des blocs de glace au péril de leur
vie ; d'autres parviennent à tromper la vigilance prussienne. Un commandant des avant-postes a été obligé
de menacer de faire feu sur un groupe arrivant de la
capitale et qui voulait forcer la consigne. Il y avait
bien trois mille hommes. On meurt de faim à Paris.

3 *février*. — Le pain est meilleur mais il n'est pas
revenu à sa première couleur. Les prussiens occupent
tous les postes administratifs ; ils siègent à la mairie,
à la poste, au télégraphe, an chemin de fer, etc., etc.
On évalue à vingt mille la garnison prussienne de St-
Denis ; nous en sommes inondés. Ils font des tranchées
entre Paris et nous. On redoute une complication et il
ne serait pas impossible que St-Denis fût bombardé par
Paris. « Dans ce cas, a dit un chef prussien, comme on
nous a bien reçus nous mettrions tous les habitants à
l'abri dans les villages voisins ».

4 *février*. — Les autorités prussiennes accablent la
ville d'amendes et de réquisitions. Elles avaient donné
ordre de déblayer les rues qui sont pleines de décombres résultant du bombardement ; cet ordre n'ayant pas
été exécuté assez vite, ces mêmes autorités ont imposé
à la ville une amende de 1200 francs. Elles en ont imposé une autre de 2,000 francs parce qu'on n'a pas pu

livrer quarante guérites neuves dans trois heures. Si l'amende n'est pas payée dans les vingt-quatre heures elle est doublée. C'est la ville aussi qui a dû dépenser 200 francs pour l'étoffe de leurs drapeaux.

6 février. — Les prussiens viennent de poser leurs drapeaux au sommet des quatre angles de la tour de l'abbaye. Leurs drapeaux sont d'une longueur démesurée. La balustrade de cette tour est sans cesse occupée par les soldats allemands qui, les regards tournés vers Paris, nous rappellent un peu les Israélites en face de la terre promise.

8 février. — Les autorités prussiennes donnent des permis pour aller à Paris ; mais il faut passer sans provisions, bien entendu. Messieurs les comtes de Bourry dont les fils, mobiles dans Paris, ont éprouvé et éprouvent encore toutes les privations qui pèsent sur la population, n'ont pu obtenir de passer un morceau de viande ; après avoir fait la queue pendant six heures à la porte du général, ils ont obtenu un laissez-passer pour leurs personnes. Ils ont donné à l'Hôtel-Dieu le mouton et la volaille destinés au ravitaillement de leurs enfants.

9 février. — Une de nos sœurs anciennes (Sœur Victoire), qui avait quitté St-Denis le troisième jour du bombardement est gravement malade. Ma supérieure m'envoie visiter cette compagne. Je pars pour Paris, munie d'un laissez-passer de la mairie. A tous les postes prussiens, je m'empresse d'exhiber mon passeport ; on ne le regarde même pas. J'avais compté faire la route à pied ; mais par un bonheur dont je ne suis pas digne, je rencontre à la sortie de St-Denis une voiture dans laquelle je fus invitée à prendre place. Je crois que le

brave homme était bien aise que mes jupons couvris-
sent trois pains qu'il emportait à Paris. On ne se figure
pas ce que c'est que d'emporter du pain à Paris. Il aura
pu le revendre cinq fois plus cher qu'il ne lui a coûté. —
J'arrivai sans encombre rue du Bac, 140. J'eus la douleur de trouver notre compagne morte depuis la veille.
Le bombardement l'avait saisie de frayeur ; une dé-
composition du sang s'était manifestée, et elle avait
succombé après cinq jours de maladie.

Je me hâtai de reprendre le chemin de St-Denis.
Arrivée près de la ville, j'aperçois une masse compacte,
quelques centaines de voitures, quelques milliers d'individus arrêtés devant le pont du canal. Je m'informe,
« personne ne passe, me dit-on, la consigne est changée depuis deux heures, et les laissez-passer de la
mairie ne valent plus rien. » Qu'on juge de mon anxiété.
Dans quelle inquiétude allaient être ma supérieure et
mes compagnes si, dans les circonstances présentes, je
ne rentrais pas à l'Hôtel-Dieu ! Je m'adresse à la sainte
Vierge par un fervent *souvenez-vous*, et je demeurai
persuadée que cette bonne mère ne me ferait pas défaut. Je m'avance vers le poste prussien qui gardait le
pont. Dix fois j'entendis répéter les tristes mots : on
ne passe pas, par des personnes qui se trouvaient dans
le même embarras que moi. Le pont était gardé par
une triple rangée de soldats dont la première était des
uhlans à cheval et les deux autres des soldats de la
ligne. J'avise un des chefs et je lui montre mon laissez-
passer. Il ne comprenait pas le français, mais il eut la
complaisance de me faire franchir la ligne de cavalerie ;
c'était déjà un pas de fait. Là un autre chef vérifiait les
laissez-passer ; il comprenait et parlait assez bien le

français. « Pas bon ! pas bon », me dit-il, lorsque je présentai mon passeport. — Monsieur, lui dis-je, si j'avais su qu'il fallait un laissez-passer allemand, je n'aurais pas quitté St-Denis sans avoir l'assurance d'y rentrer. — Ce n'est pas ma faute, répliqua-t-il. — Ni la mienne non plus ; moi, sœur de l'hospice ; moi, passer, et moi, pas coucher là. — Vous, sœur de l'hôpital ? — Oui, Monsieur, moi soigner les malades, les vôtres comme les français ; moi pas coucher là ; moi rentrer à St-Denis. — Ma cause était gagnée. Le prussien signe mon laissez-passer, et la ligne serrée des soldats en armes s'ouvre devant moi aux regards ébahis et envieux de la foule. Cette multitude a dû réellement coucher, soit dans la plaine, soit au delà du pont.

12 *février*. — L'église a été réquisitionnée pour le service religieux des prussiens catholiques. Leur messe était à dix heures. Ils s'y sont rendus en bataillons rangés ; musique et état-major en tête. L'église était pleine ; la tenue des soldats a été parfaite. Leur fanfare a exécuté trois morceaux pendant la messe. A l'évangile l'aumônier est monté en chaire pour le prône ; on a pu nous traduire quelques passages de son sermon. Il a dit aux soldats de mettre de plus en plus leur confiance en Dieu ; que Dieu les avait protégés jusqu'ici et qu'il les ramènerait sains et saufs dans leur pays. Il a terminé par des prières et des vœux ; les troupes s'unissant à sa pensée se sont mises à genoux et elles y sont restées jusqu'à ce qu'il a eu terminé. O terrible jugement de Dieu ! Il y a trois mois, (le 31 octobre 1870) dans cette même église, des français faisaient une renonciation publique de leur

religion par leurs blasphèmes et leurs cris séditieux.
Ils chassaient l'aumônier militaire et les soldats en di-
sant que la religion était à sa fin, que les prêtres étaient
voués à la potence, etc., etc. Et aujourd'hui Dieu
conduit en triomphe nos ennemis et les charge en
quelque sorte de venir lui faire réparation et amende
honorable. Et c'est dans cette église d'où nous avons
chassé nos soldats qu'ils viennent adorer et bénir Dieu,
prendre possession de l'héritage de la foi dont nous nous
dépossédons tous les jours davantage. O honte ! O quel
sujet de douleur ! J'ai dit que la messe des prussiens
catholiques était à dix heures. La réunion des prussiens
protestants est à neuf heures. A quelle heure me de-
manderez-vous, se disent les messes pour les français ?
Ah ! C'est ici que la justice de Dieu se fait mieux
sentir ! Les français? On les a mis à la porte de l'église.
Monsieur le Curé a dit publiquement qu'il devait se
trouver très-heureux lorsqu'il savait la veille ce qu'il
lui serait permis de faire le lendemain. L'aumônier
allemand dispose à son gré de l'église paroissiale. Il
faut croire qu'il a permis au clergé de St-Denis de dire
la messe dans une chapelle souterraine qui, en temps
ordinaire, sert pour les catéchismes. C'est dans cet
emplacement très-étroit que les fidèles se réunissent.
Et pour ajouter un dernier détail qui peindra la position, les catholiques français ont reçu l'ordre d'entrer
et de sortir de cette chapelle par une petite porte qui
est au chevet de l'église en dehors. Les allées et les
venues gênaient les prussiens et troublaient le recueil-
lement de leurs réunions.

16 *février*. — La ville de St-Denis vient d'être
frappée d'une imposition exorbitante ; il s'agit seule-

ment de la modeste somme de 800,000 francs ! Impossible de la payer. Depuis le mois d'août il n'y a, à St-Denis, ni commerce, ni octroi. Toutes les fabriques sont fermées et la ville est criblée de dettes. On réunit les notables afin d'aviser aux moyens de payer ou plutôt d'éluder le paiement. J'oubliais de dire que les 800,000 francs doivent être versés dans les vingt-quatre heures, sinon 50,000 francs d'amende par vingt-quatre heures de retard. Deux notables se dévouent : l'un à recueillir une somme quelconque, l'autre à aller plaider, à Versailles, la cause de St-Denis.

19 *février*. — Rien de nouveau dans les jours qui précèdent. Les démarches faites à Versailles n'ont pas été sans résultats. Elles ont eu d'abord pour effet de lever l'amende de 50,000 francs par vingt-quatre heures de retard. On a engagé à faire preuve de bonne volonté. Donc, dès-hier on a versé 25,000 francs avec promesse de ramasser encore quelques oboles. Nous avons eu la douleur de perdre ma sœur Rose, qui est décédée aujourd'hui à notre maison-mère où nous l'avions fait transporter les premiers jours du bombardement. — L'armistice qui devait se terminer aujourd'hui est prolongé ; nous vivons dans une anxiété difficile à dépeindre. Les prussiens disent qu'ils vont entrer dans Paris ; tout le monde dit que si les Prussiens entrent dans Paris ils n'en sortiront pas tous ; qu'il y aura un massacre. Et nous qui serons entre deux feux, que deviendrons-nous ?

25 *février*. — Rien de nouveau ces jours derniers. Les prussiens font de grands préparatifs de toilette pour entrer dans Paris ; en attendant ils accablent la ville de réquisitions. L'Hôtel-Dieu n'est pas épargné.

Nous sommes obligés de fournir non seulement la literie et le linge pour les officiers prussiens qui sont logés dans les établissements publics, mais encore des médicaments pour les troupes prussiennes de St-Denis et des environs.

26 *février*. — Il y a eu réaction au sujet de l'imposition de 800,000 francs. L'autorité prussienne s'est repentie de s'être montrée trop coulante. Elle a fait arrêter et emprisonner au fort de la Briche quatre notabilités commerciales de la ville comme caution du paiement de cette somme.

27 *février*. — Les portes de Paris sont fermées ; nous sommes sans nouvelles sur ce qui s'y passe. Le bruit court que les parisiens se révoltent et ne veulent pas que les prussiens entrent dans Paris ; comment cela se terminera-t-il ? En conséquence des préliminaires de paix qui viennent d'être signés on a mis en liberté les quatre industriels incarcérés il y a deux jours. Si les choses ne s'aggravent pas, la ville en sera quitte pour 35,000 francs ; c'est tout ce qu'elle a versé sur 800,000 francs.

28 *février*. — La journée s'est écoulée dans l'anxiété. Aucune nouvelle sûre de Paris, toujours des bruits de soulèvement et de révolte. Les prussiens casernés à St-Denis sont consignés.

1er *mars*. — Nous commençons le mois de St-Joseph en suppliant Dieu de nous accorder la paix par son intercession et de mettre fin à nos maux. C'est à ce double but que se rapportent nos prières et nos vœux. — Les prussiens sont entrés à Paris à midi. Nous venons d'apprendre que cette entrée dont on redoutait les suites s'est faite sans accidents et sans troubles. Les drapeaux

français sont voilés ; les maisons et les magasins situés
sur le parcours de l'armée allemande sont fermés. Une
tristesse profonde se fait sentir dans tous les quartiers
de la capitale. — A neuf heures du soir le secrétaire
du général prussien vient nous prier de loger treize
franciscains allemands qui s'étaient engagés au service
des blessés et qui retournent à Berlin. Ils viennent de
Versailles où ils sont depuis plusieurs mois. Leur supérieur parle passablement le français ; lui seul est
prêtre ; les autres faisaient leurs études que la guerre
a interrompues. Ces religieux ne voulaient pas se servir
des lits que nous leur offrions ; ils ne voulaient qu'un
peu de paille. Nous avons été obligées de les recevoir
dans une salle ouverte à tous les vents ; un obus a emporté une partie du mur ; c'était cependant ce que nous
avions de mieux. On s'étonnera peut-être que nos salles
ne soient pas réparées ; c'est que je n'ai pu donner une
juste idée des dégâts occasionnés par le bombardement.
Les maçons, les menuisiers, les vitriers, etc., sont dans
la maison depuis le premier février ; si je tiens compte
de leur lenteur il ne faut pas désespérer de les avoir
jusqu'à la fin du mois de mai. La maison est couverte
de bâches parce qu'on n'a pas d'ardoises ; il faut refaire
en entier le toit d'un corps de bâtiment. Pour les dégâts causés dans la chapelle par un obus qui n'a pas
éclaté les maçons seront bien un mois ; la secousse a
été si forte qu'il a fallu étayer à plusieurs mètres du
trou ; il a fallu refaire entièrement une fenêtre. Mais
il ne faut pas entrer dans cette voie de détails, je n'en
sortirais pas.

2 *mars.* — Un trait édifiant à noter. Notre boulanger a dû recevoir des prussiens qui ont réquisitionné

un de ses fours pour cuire leur pain. Il est obl'gé de nourrir et de loger deux boulangers allemands. Le mercredi des cendres ces deux jeunes gens lui firent dire par une allemande qu'il ne s'occupât plus de leur nourriture, que du pain et du vin leur suffiraient pendant le carême ; qu'ils ne voulaient pas de viande. C'est le boulanger qui m'a raconté le fait en ajoutant : « Vous pensez bien, ma sœur, que je n'ai pas voulu cela ; je leur fais servir à chaque repas deux plats de légumes préparés au maigre et du poisson ou des œufs. J'ai dit : voilà des hommes fidèles. Je pris occasion de ce récit pour le rappeler aux pratiques religieuses qu'il aime peut-être mieux pour les autres que pour lui-même. Eh quoi ! lui dis-je, vous n'avez pas honte ! Voilà des gens que vous appelez barbares qui viennent jusques dans votre propre maison vous donner l'exemple de la fidélité à votre religion. Je lui fis un vrai sermon dont il ne se fâcha pas, tant s'en faut. Ces mêmes prussiens marquaient leur étonnement du peu de religion qu'ils voyaient à St-Denis ; on leur fit observer que plusieurs des leurs avaient fait des choses qui n'annonçaient pas qu'ils en eussent beaucoup. « Ah ! dirent-ils, ceux-là n'avaient pas Dieu dans leur cœur.—Comme nous avons fait le carême par anticipation et un dur carême, je vous assure , l'autorité ecclésiastique a jugé devoir donner dispense des observances quadragésimales. L'abstinence n'est obligatoire que le vendredi ; les autres jours on peut manger de la viande aux deux repas lorsqu'on n'est pas soumis au jeûne.

3 *mars.* — A quatre heures du matin le tambour prussien bat le rappel ; les soldats se rendent au point désigné ; nous les entendions passer par bataillons. A

cinq heures ils partent pour Paris ; c'est le jour désigné
à la garnison de St-Denis pour sa visite à la capitale.
La journée a été calme. Ce n'est qu'aujourd'hui que
j'ai pu visiter les fortifications de St-Denis et voir les
dégâts causés par le bombardement. Ma curiosité était
excitée ; on m'avait dit que le quartier voisin des fortifications rappelait la ruine de Jérusalem ; on n'avait
rien dit de trop. Il y a là environ 250 maisons, dont
quelques-unes ont six étages, non seulement inhabita-
bles, mais qu'on devra renverser entièrement. Quelques-unes sont étayées ; elles menacent de tomber sur
la route ; il va sans dire que les habitants avaient dé-
logé avant le bombardement ; ils auraient été exposés
à être ensevelis dans leurs caves. L'usine à gaz n'est
qu'un monceau de ruines. C'est désolant ! On ne peut
voir un tel désastre sans verser des larmes ! Les fortifications ont peu souffert relativement. Les fortifications de St-Denis, autrement appelées Double-cou-
ronne du Nord, relient le fort de la Briche au fort de
l'Est et englobent la ville de deux côtés. Les casernes
de ces forts ont beaucoup souffert ; il n'y a plus de toit,
plus de contrevents. Mais les fortifications, je le répète,
ne sont pas gravement endommagées. Il aurait fallu
bien des boulets pour faire une brèche à des murs qui
ont trois mètres cinquante centimètres d'épaisseur en
maçonnerie et qui sont soutenus par des masses de
terre. Les prussiens n'ont jamais eu, je pense, l'idée
de nous prendre d'assaut. Les prussiens montent la
garde sur les remparts ; leurs drapeaux flottent sur
tous les bastions et sur les forts.

4 *mars*. — La paix est signée, mais quelle paix !
La France peut bien se couvrir de crêpe ! Monsieur

l'aumônier juge qu'il n'y a plus de raisons pour s'abstenir de sonner les cloches. Il fait sonner le salut du St-Sacrement. Il y a six mois que nous n'avions pas entendu leur son.

5 *mars*. — Un grand nombre d'obus n'ont pas éclaté en tombant ; ceux qui sont tombés dans la terre, par exemple. Il résulte de cela de graves accidents. Des imprudents, des enfants même essayent d'ouvrir ces obus pour avoir la poudre ; le moindre frottement, le moindre choc met le feu, fait éclater l'obus et occasionne d'horribles mutilations. On vient de nous apporter trois victimes de leur imprudence : une femme et deux enfants de quinze ans. La femme est morte douze heures après l'accident ; il aurait fallu lui couper les deux cuisses aussi haut que possible. Les deux enfants sont bien blessés, mais on veut essayer de leur conserver tous les membres. L'un a la moitié du pied emporté ; l'autre a un bras labouré et entr'ouvert.

7 *mars*. — Encore un accident. Trois jeunes gens ont voulu ouvrir un obus ; le projectile a éclaté. Il a fallu couper la cuisse au premier. Le deuxième a une jambe labourée depuis la cuisse jusqu'au talon. On a extrait de la cuisse du troisième un morceau d'obus pesant 430 grammes. Je laisse à penser quelles sont leurs souffrances ; tous ont la figure brûlée. Il y a trois semaines on nous a apporté deux hommes qui avaient mis un charbon allumé dans un obus vide, le projectile a éclaté ; il contenait des capsules inflammables. Un de ces infortunés a eu la cuisse emportée ; l'autre a perdu un œil et est atteint de sept blessures, toutes plus graves les unes que les autres.

9 *mars*. — Encore un accident ; un jeune homme

de dix-huit ans a voulu s'assurer si la petite quantité de poudre qui était dans un obus le ferait éclater ; le projectile n'a pas manqué à son mandat et le jeune homme vient d'être amputé. Les deux dernières victimes du six mars ont succombé à leurs horribles blessures.

11 *mars*. — Les prussiens continuent leurs exactions et leurs réquisitions, malgré le semblant de paix dont nous jouissons. Il faut que les propriétaires de chevaux et de voitures aillent tous les matins demander les ordres et se mettre à la disposition des officiers prussiens. Plusieurs négociants très-honorables, pour avoir manqué à cet appel, se sont vus arrêter par huit prussiens armés et conduire en prison. On relâche les prisonniers moyennant 50 francs. Avec cette tactique qui s'exerce non seulement pour les chevaux et les voitures mais pour toute infraction aux injonctions prussiennes, les autorités allemandes ramassent plus de 2,000 francs. Mais voici une affaire plus grave.

12 *mars*. — Un chanoine de St-Denis, M. Testory, a publié dans les journaux un article relatif aux dégâts, aux mutilations causés dans la basilique par les prussiens depuis que ceux-ci sont entrés à St-Denis ; il n'est pas question du bombardement. Il fut sommé par les autorités allemandes de se rétracter ; il a refusé. Par prudence il s'était retiré à Paris. Croyant n'avoir rien à craindre il est rentré à St-Denis; mais à peine était-il sorti de la gare qu'il a été arrêté et conduit au quartier général. Sommé de se rétracter, il a protesté qu'aucune considération ne l'empêcherait de dire la vérité et de signaler les actes de sauvagerie commis dans la basilique. On l'a menacé de le fusiller ;

il a répondu qu'il n'avait pas peur de la mort. Après cet interrogatoire il a été conduit sous bonne escorte et enfermé au fort de la Briche (Il n'a été relâché que plusieurs jours après).

14 *mars*. — Nos blessés nous laissent peu d'espoir, aussi bien les amputés que les autres; la gangrène se met dans les plaies; des deux blessés du 5 mars l'un est mort hier, l'autre est dans un état de putréfaction commencée, quoiqu'il vive encore. Il en a été ainsi pendant le siége; aucune amputation n'a réussi; aucun soin ne peut arriver à les sauver. Tout le monde s'accorde à dire que nous aurons la peste cet été; il y a un mauvais air qui fait déjà sentir sa malignité. Si on ajoute à toutes les causes déjà existantes la putréfaction des cadavres enterrés autour de Paris et que la chaleur va développer, on n'aura pas de la peine à le croire. On évalue à 50,000 le nombre des morts qu'il y a eu de part et d'autre dans les diverses sorties et engagements. Or, la plupart de ces cadavres sont à peine recouverts de terre. Il sont enterrés un peu partout; dans les jardins, dans les champs, près des maisons, dans les villages. En béchant son jardin, un cultivateur a amené avec sa bêche la main d'un pauvre soldat. Et combien de fois ces tristes mutilations vont-elles se renouveler !.... Le curé de la paroisse, étant averti, a fait exhumer le cadavre et l'a mis en terre sainte, après avoir fait au défunt un service solennel. St-Denis participe largement à la générosité des anglais. Le représentant d'un journal de Londres, le *Dailly-New*, chargé de distribuer des secours aux bombardés, a remis 1,000 francs à ma sœur supérieure, pour distribuer aux nécessiteux, sans préjudice de bien d'autres 1,000 francs distribués aux infortunés. Si nous avons été bien maltraités, la Providence vient à notre secours. Les Prussiens se sont emparés aujourd'hui de la poste et des dépêches ; heureusement il y avait peu d'argent dans la caisse. Voici ce qui a donné lieu à cette spoliation. L'administration française, pour obtenir de conserver le service postal à St-Denis, avait consenti, dès les premiers jours du mois de février, à payer à l'autorité allemande la somme de 100 francs par jour à titre d'indemnité. Cette somme n'ayant pas été payée, à tort ou à raison, depuis trois jours, les Prussiens en nombre et en armes ont envahi le bureau de poste et s'y sont installés.

16 *mars*. — L'administration française est rentrée en possession du bureau de poste ; malgré les nouvelles conventions échangées entre les deux parties, St-Denis est toujours et en tout sous l'autorité allemande ; on assure que ce sera le dernier point, aux environs de Paris, qui restera au pouvoir des Prussiens.

18 *mars*. — Nous apprenons que les Parisieus forment des barricades, établissent des tranchées, tirent des coups de fusils, etc. On bat la générale jour et nuit, St-Denis est tranquille grâce à la présence des Prussiens ; les gens d'ordre en sont venus au point de désirer que les armées allemandes ne quittent pas la ville, et cela malgré leurs vexations et leurs exactions. A quoi sommes-nous réduits et quelle place occuperons-nous dans l'histoire ?...

19 *mars*. — Les bruits qui circulaient hier se confirment ; on a arrêté et mis en prison plusieurs généraux ; deux ont été fusillés par la populace et leurs cadavres traînés dans les rues. Les omnibus et les autres voitures ont suspendu leur service ; les émeutiers les arrêtaient

et les couchaient dans la rue pour faire des barricades. Les magasins sont fermés.

20 mars. — Cette nuit nous avons entendu plusieurs coups de canon tirés à Paris. Où cela se terminera-t-il ? Les prussiens ont établi un poste près de Paris. Ils ont travaillé hier avec une activité incroyable à creuser des tranchées, à armer les forts de canons et de mitrailleuses. Le commandant de la place, le comte de Baden, a demandé du renfort. On vient de nous apporter deux hommes blessés par un obus ; le malheureux qui a eu l'imprudence de l'ouvrir a été écharpé ; on n'a pas apporté son cadavre ; les deux blessés passaient à quelque distance ; l'un est gravement atteint à la cuisse , il est condamné ; l'autre a un œil bien compromis ; tous les deux sont brûlés. Pour nos autres blessés, ils meurent tous, les uns après les autres. Les deux derniers qui respirent encore ont été blessés le 6 et le 9 mars. Ils sont à l'agonie.

22 mars. — La révolution prend des proportions effrayantes, à Paris ; il y a eu environ trente personnes de tuées, la plupart recommandables. Elles faisaient une démonstration pacifique ; les émeutiers ne leur ont pas donné le temps d'approcher ; ils ont fait feu quoique les victimes fussent venues sans armes. La Commune est établie ; le drapeau rouge flotte partout. Les fonctionnaires se retirent ; l'émigration devient générale. — Les prussiens travaillent depuis plusieurs jours aux préparatifs d'une grande fête : l'anniversaire de la naissance de Guilhaume. Ils garnissent la ville de guirlandes et de drapeaux ; et comme ils sont logés dans toutes les maisons, nous avons la douleur de voir flotter le drapeau blanc et noir à presque toutes les fenêtres.

5

Un particulier s'étant opposé à ces ovations et ayant retiré les guirlandes et les drapeaux qu'on avait posés à ses fenêtres, il en est résulté une lutte dans laquelle il a été frappé à coups de sabre et ensuite conduit en prison. A midi, il y a eu une salve d'artillerie ; les prussiens ont tiré le canon pendant une demi-heure. Cela nous a péniblement émues ; nous avons trop entendu le canon et vu de trop près ses terribles effets pour que ces détonations ne rappellent pas les plus pénibles souvenirs. Je ne pense pas qu'il nous soit possible de l'entendre désormais sans tressaillir douloureusement. Hier soir et aujourd'hui brillante retraite aux flambeaux ; cavalcades, musique, festins, etc., etc.

26 *mars*. — Aujourd'hui les prussiens ont retiré les drapeaux qui flottaient depuis deux mois à la tour de l'abbaye. Nous ne connaissons pas le motif de cet enlèvement. Nous appréhendons comme un malheur le départ des prussiens ; cela soit dit à la honte des français. Grâce à leur présence la ville jouit d'une tranquillité parfaite.

31 *mars*. — Les portes de Paris sont fermées. L'insurrection continue. Les émeutiers se sont emparés de toutes les administrations ; ils siégent dans les ministères, à la poste, etc., etc. Si on veut assurer l'arrivée des lettres il faut les porter à Versailles et aller chercher les réponses dans la même ville.

1er *avril*. — Le commandant de la garde nationale de St-Denis a voulu engager ses subordonnés à aller à Versailles et à prendre le parti de l'ordre. Il n'en a pas fallu davantage pour ameuter la populace contre lui. Sans l'intervention des prussiens qui l'ont arraché des mains des gardes nationaux, il allait être jeté dans le canal. Voilà dans quel milieu nous vivons.

3 *avril*. — Hier et aujourd'hui le canon gronde dans le lointain. La guerre civile est commencée. Le mont Valérien vomit le fer et le feu non sur les prussiens mais sur les français. Les pères et les fils sont armés les uns contre les autres. Nous avons la douleur d'apprendre que les morts et les blessés sont en grand nombre. On a failli nous apporter des blessés ; ils ont été dirigés sur Paris. Les ambulances se rouvrent. Les prussiens disaient en entendant gronder le canon : « Parisse, pas sage ; beaucoup capout, beaucoup capout, (capout-tué).

5 *avril*. — Monseigneur l'archevêque de Paris et plusieurs curés ont été mis en prison aujourd'hui ; les insurgés les ont pris pour ôtages ; ils ont dit qu'ils les fusilleraient si on fusillait, à Versailles, les prison-niers qu'on leur a faits. En attendant, ils ont pillé l'archevêché, plusieurs églises et presbytères. Deux délégués de la commune se sont présentés à St-Lazare, rue de Sèvres ; après une visite minutieuse ils se sont retirés sans avoir fait aucun mal ; ils n'avaient rien trouvé de compromettant. Ils se sont ensuite rendus chez les jésuites et ont emmené les Pères en prison, après avoir pillé leur résidence Le même fait s'est renouvelé dans d'autres maisons religieuses.

6 *avril*. — La canonnade retentit de temps en temps ; à huit heures du matin elle était continue. Les insurgés forcent les honnêtes gens à se joindre à eux. On porte à 150,000 le nombre des émigrants qui ont quitté Paris depuis trois jours Ce n'est pas facile de sortir de Paris depuis trois jours ; les insurgés gardent les portes et ne

laissent sortir aucun homme. Il faut user de ruse ; suivre le cours de la Seine ; que sais-je? A St-Denis, les prussiens font bonne garde.

7 avril. — Quelle triste semaine sainte nous avons passée ! pas d'offices à la paroisse. Monsieur le Curé a-t-il craint de voir se renouveler l'émeute du 31 octobre ? Je ne sais. Les prussiens protestants n'ont pas été si timides. Ils ont réquisitionné l'église paroissiale pour toute la journée à partir de huit heures du matin. Le vendredi saint est un grand jour pour eux. Nous avons dû nous contenter d'entendre le canon et la fusillade qui retentissent de temps en temps. Les arrestations continuent à Paris. Plusieurs curés ont été mis en prison la nuit dernière. Le curé de la paroisse St-Vincent-de-Paul ayant été averti à temps, a pu arriver à St-Denis déguisé en bourgeois.

8 avril. — La canonnade a retenti cette nuit. Jamais depuis la grande révolution Paris n'a vu un jour de Pâques aussi triste.

9 avril. — Les pasteurs sont en fuite ou en prison, et les fidèles dans la consternation ! Ce matin, M. le curé de St-Vincent de-Paul a dit la messe dans notre chapelle. Que son cœur devait être peiné de célébrer le saint sacrifice, un si grand jour, sur une terre d'exil ! St-Denis est la terre d'exil pour ceux que la persécution a chassés de Paris.

10 avril. — Je suis allée à Paris pour quelques affaires concernant la communauté. Mon voyage s'est effectué sans accident. Il règne une grande effervescence dans les esprits ; plusieurs discussions se sont élevées dans les voitures où j'étais ; j'ai cru, une fois surtout, que la dispute aurait une fin tragique. Derrière les barricades des canons sont braqués. Il y a de grands rassemblements. Il n'est encore rien arrivé de fâcheux à nos sœurs de Paris. Dans une de nos maisons qui, pendant la guerre servait d'ambulance, il restait deux gendarmes convalescents. Hier soir, quelques gardes nationaux se présentent et veulent s'en emparer comme ôtages ; heureusement ils étaient sortis. La supérieure leur répond qu'ils sont à la promenade ; qu'ils rentreront plus tard. La bande se retire. A peine les gendarmes étaient-ils rentrés qu'ils se sauvaient déguisés et ils parvenaient à sortir de Paris. Ce matin la maison a été envahie par une centaine de gardes nationaux en armes ; ils ont en vain cherché les deux évadés. Leur colère a failli devenir terrible ; ils ont chargé leurs fusils et ont menacé de faire feu sur les sœurs. La supérieure a répondu qu'elle s'était chargée de soigner les malades mais non de les garder ; elle aurait pu leur dire comme avait fait sœur Rosalie dans une occasion semblable : vous serez peut-être bien aises que je vous fournisse un jour les moyens de vous échapper. Pour en finir, les insurgés n'ont tué personne ; ils ont emmené la supérieure au poste voisin ; là, après avoir été entendue des forcenés qui sont au pouvoir elle a été renvoyée à sa maison ; tout en est resté là. Je suis revenue à St-Denis par le chemin de fer. Les salles d'attente étaient gardées par des gardes nationaux en armes. Aucun homme au dessous de 40 ans ne sort de Paris. Il faut des papiers bien en règle pour franchir les barrières. Les dames passent sans contrôle. Je suis rentrée sans avoir vu autre chose que des barricades et des rassemblements. Les arrestations de prêtres continuent. En arrivant à St-Denis j'ai trouvé la ville en émoi. Deux parlementaires de la commune venaient d'arriver au quartier général prussien. Ils demandent que les gardes nationaux de St-Denis qui veulent fraterniser avec eux puissent sortir en armes de la ville. Je n'ai pas besoin de dire que leur proposition a été rejetée ; les prussiens ne reconnaissent pas le gouvernement qui tient Paris sous le joug le plus odieux.

12 *avril.* — L'autorité allemande vient de placarder une affiche qui fait le désespoir des émeutiers de St-Denis. Elle est datée de Compiègne et signée du prince Albert. Je la résume en deux mots : vu les troubles et les agitations de Paris, St-Denis est mis en état de siége. En conséquence les insurgés qui feront le moindre mouvement seront fusillés immédiatement. L'autorité allemande nous a appris à prendre ses ordres et ses menaces à la lettre. La police prussienne est à la piste d'une commune qui est toute nommée à St-Denis ; si les prussiens quittaient la ville, les prêtres, les frères, les sœurs et les honnêtes gens feraient bien de partir avec eux. La police prussienne à l'œil ouvert et s'ils font la moindre démonstration les chefs communistes seront saisis.

13 *avril.* — Cette nuit à onze heures du soir, nous avons été réveillées par des détonations formidables et tout à fait rapprochées de nous. Nous nous sommes crus à la bataille du Bourget avec ce surcroît de tristesse toutefois que c'étaient les accents lugubres d'une guerre civile qui frappaient nos oreilles. La canonnade a continué toute la nuit sans interruption ; vers le matin elle s'est compliquée du bruit des mitrailleuses et de la fusillade. — J'ai dû retourner à Paris pour des affaires très-importantes ; mes supérieurs ont paru étonnés de

ma hardiesse. Le bruit avait couru qu'il fallait un
passeport pour entrer et sortir de Paris, et que les
femmes n'étaient pas exceptées de cette loi. Cela était
vrai pour les autres gares, mais non pour celle du Nord
que j'avais prise. J'avais voyagé sans entendre même
une parole hostile. Un décret de la Commune venait
d'être affiché. Il prescrivait la levée en masse jusqu'à
soixante ans de tous les hommes valides. Ce décret
mettait dans un grand embarras nos missionnaires de
St-Lazare dont plusieurs étaient atteints par le décret.
J'offre au procureur de la maison d'en emmener un avec
moi, me faisant forte de le faire passer aux barrières.
Ma proposition est prise pour de la témérité. « Mais
« vous ne passerez pas vous-même, me dit-on. » Oh !
pour le coup, il faudrait que le diable eût les cornes
bien longues ! Par une porte ou par une autre je sorti-
rai de Paris. Le digne missionnaire que je voulais
emmener méritait bien que Dieu le protégeât et le
fît sortir de cette Babylone. La veille il s'était fait
arrêter à l'ex-préfecture de police et peu s'en est fallu
qu'on ne le conduisît en prison, et cela pour avoir été
chercher un passeport pour St-Denis, afin de ne pas
nous priver des secours de son ministère. Grâce à ce
passeport j'avais bon espoir de mettre un prêtre de plus
en sûreté ; rien cependant n'était moins certain, car il
suffisait du mauvais vouloir d'un fédéré en état d'ivresse
pour que le missionnaire fût de nouveau appréhendé, et
peut-être, cette fois, ne s'en serait-il pas si facilement
tiré. On m'avait tant répété que je ne sortirais pas de
Paris que je finis par partager des craintes qui avaient
bien quelques raisons d'être. Dans cette anxiété je
m'adressai à St-Joseph et je le priai, au nom du voyage

qu'il avait fait en Egypte, de protéger le mien ; je lui
promis de faire dire une messe en son honneur si le missionnaire et moi nous arrivions sans accident à St-Denis.
Cela fait et mon courrier soigneusement attaché dans
mes poches nous nous dirigeons vers la gare du Nord.
On distribue les billets à deux bureaux et l'affluence est
telle qu'on a dû commencer trois quarts d'heure avant
le départ du train, et c'est ainsi depuis quelques jours.
Deux gardes nationaux vérifient les passeports. Le
missionnaire présente le sien. « Très-bien, dit le pre-
« mier, vous êtes en règle. Montre moi ça, dit le
« deuxième, d'une voix rauque et avinée, que je voie
« si c'est bien le cachet de la Commune et s'il n'est pas
« d'avant le 1er avril. Il faut te méfier, vois-tu, ils t'en
« colleront sans ça. » Le missionnaire présente son passeport : « c'est bien, citoyen ; vous pouvez partir. »
Nous prenons nos billets et une demi-heure après la
vapeur nous emportait à St-Denis. Alors seulement
nous avons respiré à notre aise ; nous nous sentions
dans une autre atmosphère. Les prussiens ont établi un
poste et braqué des canons sur la voie même du chemin
de fer ; les wagons passent à deux ou trois mètres des
sentinelles. La gare du Nord est la seule qui fonctionne ;
c'est ce qui explique l'affluence vraiment prodigieuse
des voyageurs. Sur toutes les autres directions les
voies sont coupées. Je n'ai pas besoin de dire avec quel
empressement on reçut le missionnaire à l'Hôtel-Dieu.
Chacune de nos maisons serait heureuse qu'il lui fût
permis d'offrir l'hospitalité à un prêtre de Jésus-Christ,
et nous avons le bonheur de recevoir celui qui, la veille,
s'était exposé à la prison pour ne pas nous priver des
secours de son ministère. Notre reconnaissance envers

Dieu ne saurait être à la hauteur de ses bienfaits. Car pendant que nos maisons de Paris sont privées de tout secours religieux même de la sainte messe le dimanche, tous les prêtres étant en prison ou en fuite, nous, à l'Hôtel-Dieu, nous avons jusqu'à six messes par jour.

15 *avril*. — De nombreuses perquisitions ont été faites dans nos maisons de Paris ; elles n'ont présenté rien de bien saillant ; les fédérés inscrivent tout ce qui est ou paraît être de l'or ou de l'argent. Nos sœurs avaient mis en sûreté depuis longtemps ce qu'elles avaient de précieux. Dans une maison seulement on a trouvé une somme assez considérable ; elle a été volée et le mobilier pillé. Je ne sais où s'arrêtera l'orage, mais l'horizon est bien noir et les cœurs sont bien tristes. La terreur est à son comble; on vit sous le régime de 93, à la guillotine près, qui est remplacée par le chassepot. On ne s'écrit qu'à demi-mots ; le gouvernement de Paris ne se fait pas de scrupule d'ouvrir les lettres ; on n'ose rien confier à la poste dans Paris.

18 *avril*. — Il serait assez curieux de relater les moyens employés pour sortir de Paris ; non seulement les prêtres mais tous les hommes qu'atteignent les décrets de la Commune varient jusqu'à l'infini les procédés qui favorisent l'évasion. L'un se travestit en marchand de journaux et parvient à sortir en portant une énorme liasse des imprimés de la Commune; d'autres s'habillent en garçons bouchers, et nous connaissons tel curé de Paris qui a franchi les barrières décoré d'un tablier dégoutant et ensanglanté. Plusieurs ont été emballés dans des voitures de déménagement ; deux vicaires sont arrivés à St-Denis couchés dans une armoire. Deux autres ont passé dans une voiture de charbon ;

on les avait attachés dans des sacs. Il en est qui ont passé dans des paniers de volailles. En une seule nuit plus de huit cents proscrits se sont fait descendre par des cordes en dehors des remparts : on avait gagné les gardes nationaux qui faisaient le service ; mais ce moyen n'a pu être employé qu'une nuit ; le comité de sûreté publique a fait doubler les postes. Mais voici un autre moyen aussi simple qu'ingénieux. Le cimetière de la Chapelle est en dehors des fortifications. Les personnes, prêtres ou laïques, qui désirent échapper aux griffres de l'hydre révolutionnaire se mettent sur le parcours des enterrements ; elles se joignent aux parents et amis qui accompagnent le défunt à sa dernière demeure et affectent un air et un maintien appropriés aux circonstances. Il ne peut pas venir à l'esprit des factionnaires de demander le passeport de tous les individus qui suivent les enterrements. Une fois hors de Paris les pleureurs d'occasion poussent jusqu'à St-Denis et au-delà et ne se mettent pas en peine de ramener le cortége. Ce moyen a favorisé l'évasion de plusieurs centaines d'individus.

21 *mai*. — De graves événements se sont passés à Paris pendant les trente-trois jours qui interrompent cette narration ; ma plume se sent impuissante à les raconter. Les feuilles publiques, d'ailleurs, en ont rendu compte, mais je doute qu'elles aient pu donner une juste idée du vertige qui s'est emparé des esprits. Le pillage, les désordres, les blasphèmes, la déraison semblent être arrivés aux dernières limites, et nous allons à grands pas vers un dénouement fatal, vers une catastrophe épouvantable. C'est le sentiment de tous ceux qui pensent juste ; Paris est en train de combler

la mesure de ses iniquités ; c'est évident. Que s'est-il passé pour nous à St-Denis pendant ces cinq semaines ? Rien de bien saillant. Nous avons été occupées jour et nuit à recevoir nos sœurs que la persécution a chassées de Paris. Presque toutes nos maisons ont été pillées et dévastées. Nos sœurs se sont vues remplacer par des femmes et des filles sans nom et sans aveu ; par des échappées des prisons et autres lieux !... Décorées de ceintures rouges, elles font chanter la *Marseillaise* dans les classes et ont annoncé aux enfants que la Commune avait décidé qu'il n'y avait plus de Dieu, plus de religion, plus de prêtres, plus de sœurs, etc., etc. Ces femmes donnent à peine le temps à nos sœurs d'emporter ce qui appartient à la Communauté. Il y a eu des maisons qui ont eu une demi-heure pour disposer leur départ. Nos sœurs arrivent à St-Denis par bandes de 5, 10 et 20 ; quelquefois elles traînent après elles des orphelines qu'elles sont parvenues à arracher à l'enfer. C'est un spectacle déchirant, et nous avons dû vivre ainsi pendant six longues semaines ! Les réfugiées ne s'arrêtent pas à St-Denis ; elles prennent promptement la route de Versailles ou le chemin de fer du Nord, et elles vont demander à d'autres contrées un abri contre la persécution. La ville de St-Denis a joui d'un calme parfait ; les Prussiens font une police sévère. Les gardes nationaux sont payés par la Commune de Paris ; au jour fixé un délégué vient de la capitale et distribue la paie. Mais on ne peut faire aucune réunion sans l'autorisation du commandant prussien, et, jusqu'à présent, la paie s'est faite en plein air ; ainsi le voulait l'autorité prussienne. Il y a quelques jours, le délégué et ses adhérents crurent pouvoir se relâcher de la sévérité de la consigne; ils entrèrent dans une maison; mais à peine le dernier était-il à l'abri que la maison fut cernée et le personnel conduit en prison. L'argent a été confisqué au profit des Prussiens et chaque détenu a dû payer dix francs pour recouvrer la liberté.

22 mai. — A trois heures du matin on a réveillé les prussiens ; au bruit que cette opération a nécessité, nous avons pressenti quelque événement extraordinaire. A sept heures nous apprenons que l'armée de Versailles est entrée la veille dans Paris. Les prussiens sont allés faire le cordon autour de la capitale ; personne ne peut entrer ni sortir. La canonnade n'a pas cessé de toute la journée ; la fusillade s'entend très-bien ; on distingue les feux de pelotons. C'est terrible ! Le cœur se serre et l'émotion vous envahit. On ne sait rien du résultat des opérations.

23 mai. — A la pointe du jour le combat a recommencé. La canonnade s'entend mieux que la veille, parce que l'armée de Versailles s'étant emparée de Montmartre a placé ses batteries sur ce point élevé. De la tour de l'abbaye on s'est rendu compte de ce succès. Une épaisse fumée s'élève de Paris. Le vent nous l'apporte, ainsi que le bruit de la fusillade et du canon.

24 mai. — La canonnade et la fusillade ne cessent ni jour ni nuit. A une heure et demie du soir la ville de St-Denis a été comme ébranlée par une détonation formidable entendue du côté de Paris. On s'est rendu sur les points élevés pour se rendre compte, mais on n'aperçoit qu'une fumée épaisse ; le soleil est magnifique ; on attend le soir avec impatience. A mesure que le jour baisse le spectacle change. Une lueur rougeâtre enveloppe et surmonte la capitale ; l'incendie semble se concentrer en un point. (Le lendemain nous avons appris que c'étaient les Tuileries, le Palais de Justice et l'Hôtel de Ville qui brûlaient. La commotion qui nous avait épouvantés au milieu de la journée était produite par l'explosion de la poudrière du Luxembourg.)

25 *Mai*. — La canonnade et la fusillade ne cessent ni jour ni nuit. On vit dans une anxiété difficile à dépeindre. L'incendie de Paris augmente et s'étend tous les jours. Le vent du midi nous apporte la fumée ; elle s'amoncelle sur la ville de manière à former des nuages noirs et épais ; on croyait d'abord à la formation d'un orage ; mais nous fûmes bientôt détrompés lorsque les cours et les toits furent remplis de papiers carbonisés résultant de l'incendie des ministères et de la cour des comptes. Nous avons ramassé des morceaux de papiers et de parchemins ayant 8 et 10 centimètres de longueur ; bien qu'ils fussent carbonisés, on lisait assez bien pour se rendre compte de l'administration d'où ils émanaient. C'est ainsi que nous avons appris, avant que les dépêches l'eussent confirmée, l'œuvre de destruction entreprise par les scélérats qui immortalisent leur souvenir d'une manière si odieuse et si inouïe. Le soir, le spectacle de la veille se renouvelle ; Paris semble être en feu. C'est épouvantable. Ceux qui ont été témoins de ces lueurs lugubres ne pourront jamais les oublier ; et ceux qui ne les ont pas vues ne s'en feront jamais une idée. Tout le monde s'intéresse au sort des malheureux otages, mais personne ne sait ce qu'ils sont devenus.

26 *mai*. — Cette nuit la canonnade a été moins terrible ; ce matin elle a recommencé en se compliquant

de la fusillade ; on est effrayé quand on songe à l'aspect que présente la capitale ; les cadavres jonchent les rues, et les incendies qui se multiplient d'une manière effrayante menacent les habitants d'une ruine totale. Qui pourra dire le nombre des victimes qui périront dans cette guerre civile. On ne laisse sortir personne de Paris ; il est impossible de dire la sévérité de la surveillance exercée par les prussiens. Ils ont échelonné des soldats le long du canal et le long de la Seine. Ils arrêtent et envoient à Versailles tous ceux qui essaient de passer leurs lignes. Le nombre en est grand ; il faut les compter par centaines.

27 mai. — La canonnade a été moins forte que les jours précédents ; une fumée noire et épaisse annonce la continuation de l'œuvre incendiaire. A neuf heures du soir une lueur plus intense que celle des jours précédents nous poussa vers les fenêtres de notre grenier ; là nous fûmes témoins du spectacle le plus effrayant que j'aie jamais vu ; les incendies des nuits précédentes n'étaient rien auprès de celui-là. Les flammes grandissaient de moment en moment ; elles envoyaient dans le ciel des lueurs qui envahirent l'espace sur une étendue prodigieuse. De nos greniers nous pouvions lire à la clarté de ces flammes sinistres, à dix heures du soir, et nous étions à dix kilomètres du foyer de l'incendie. Toute la ville de St-Denis était sur les toits ou dans les rues ; on pouvait compter les personnes qui se tenaient aux cheminées pour mieux contempler cet affreux spectacle. L'attention générale était portée sur ce foyer principal ; son intensité, ses flammes gigantesques faisaient oublier d'autres incendies qui se dessinaient sur d'autres points de Paris. A trois heures du matin

le feu avait acquis son plus haut degré de développe-
ment; les flammes à ce moment semblaient devoir nous
atteindre ; toute la contrée était teinte en rouge ;
malgré soi on se mettait à genoux pour prier. Oh ! que
sera-ce de la justice de Dieu dans l'autre vie si dès ici-
bas elle se manifeste d'une manière si effrayante ? (Le
lendemain nous avons appris que c'étaient aux magasins généraux de la Villette que les insurgés avaient
mis le feu. Il y avait dans ces magasins pour vingt
millions de marchandises. Tout a été la proie des
flammes). J'allais oublier de dire que le silence de la
nuit laissait arriver jusqu'à nous, sans amortissement,
le bruit des obus qui pleuvaient sur Belleville et la
Villette, derniers retranchements de l'insurrection vain-
cue. Nous les voyons sillonner les nues, nous distin-
guions la lueur qu'ils produisent en éclatant. Ils tom-
baient sur ces malheureux quartiers comme une grêle
de fer et de feu ; il nous semblait entendre les gémis-
sements et les cris de tant d'innocents qu'atteignent
l'incendie et la mort. Je ne sais pourquoi j'entreprends
de décrire cette scène de désolation ; les paroles ne
peuvent qu'affaiblir la réalité. Nous apprenons que
Monseigneur l'archevêque de Paris a été fusillé avec
soixante-trois otages ; l'armée de Versailles est arrivée
assez à temps pour en sauver cent soixante-neuf qui
allaient avoir le même sort.

28 *mai.* — Par intervalle on entend quelques coups
de canon ; l'entrée et la sortie de la capitale sont interdites aux hommes. Les femmes peuvent circuler avec
des laissez-passer de l'état-major de l'armée de Versailles. Je n'entrerai pas dans le détail des scènes d'horreur
qui se sont passées si près de nous la semaine dernière ;

cela n'est pas de mon plan. Chacun peut juger par lui-même de l'impression que nous avons ressentie. L'affreuse vérité nous semble être un songe, et la lueur sinistre des incendies n'a pu convaincre nos esprits fatigués. Ceux qui ont visité les désastres de Paris disent qu'il est impossible de retenir ses larmes à la vue du spectacle de tant de ruines.

29 mai. — Nos sœurs commencent à rentrer dans Paris ; leurs administrations les réclament. Notre Maison-Mère a été conservée ; la protection divine a dépassé toutes les espérances. Le dimanche, 21 mai, la Commune signifiait à notre supérieure qu'elle eût à évacuer la maison de la rue du Bac ; on devait transformer les bâtiments en citadelle et placer des canons sur les toits. Dès la veille un poste de gardes nationaux s'établissait dans les parloirs ; or, à cette même heure l'armée de Versailles entrait dans Paris, et elle put arriver jusqu'à la rue du Bac avant que les décrets de la Commune fussent accomplis. Le curé d'Ars l'avait prédit : « On touchera à la grande maison, avait dit ce « saint vieillard, mais on n'y fera aucun mal, parce qu'on « n'en aura pas le temps. A ce moment là il y aura de « grands massacres dans Paris ; il en périra beaucoup « de mauvais et très-peu de bons. » Ces prédictions se sont vérifiées à la lettre. Voici un épisode entre plusieurs de ces journées de sanglante mémoire. Au plus fort de ce combat des rues, un chef des insurgés se présente à l'hospice des enfants assistés situé près du Luxembourg et confié aux soins de nos sœurs. « Ma « sœur, dit-il à la supérieure, vous avez dix minutes « pour faire évacuer votre hospice ; j'ai ordre de l'in- « cendier. Voilà quatre pièces de canons chargées et

« des barriques de pétrole. » La supérieure lui repré-
sente l'impossibilité où elle est de transporter huit
cents enfants malades en dix minutes ; elle le supplie,
elle le conjure de faire révoquer l'ordre ; elle finit par
obtenir de lui qu'il aille faire des démarches : il part.
Quelques minutes après il revient, pâle et tremblant,
et déclare qu'il lui a été impossible de rien obtenir ; il
lui faut obéir, il y va de sa vie. Quel moment !...
J'ignore ce que je lui ai dit, raconte la supérieure, je
sais que je me suis jetée à ses pieds, que je lui ai pris
les mains, en le conjurant de ne pas incendier notre
hospice. Cet insurgé fut touché jusqu'aux larmes:
« Ma sœur, dit-il, pour la première fois de ma vie je
« crois en Dieu ; non, vous ne périrez pas, et, dussé-je
« mourir, vous serez sauvée.— Il sort et fait emmener
« les pièces. Mais au même moment les fédérés exas-
« pérés se précipitent sur lui, le jettent contre les murs
« de l'hospice et le fusillent.» L'histoire a-t-elle conservé
le souvenir d'une barbarie plus féroce, et ces monstres
à face humaine ont-ils eu des précédents dans les an-
nales des peuples les plus sauvages ? L'armée de Versailles était là derrière la barricade ; les scélérats
n'eurent pas le temps d'incendier l'hospice ; quelques
instants après, tous étaient morts, frappés par les balles
de nos soldats. Il n'est arrivé aucun mal à celles de nos
sœurs qui sont restées dans Paris, et le nombre en est
grand; malgré le désir que la Commune avait de les ex-
pulser toutes, elle n'en a pas eu le temps ; elle manquait
aussi d'éléments pour les remplacer.

31 *Mai.* — Maintenant que la Commune, ensevelie
dans les ruines et dans le sang, ne nous cause plus d'effroi, on se laisserait aller volontiers au désir de voir les

Prussiens s'éloigner de nos murs. Il n'y a pas d'apparence que nos désirs soient sitôt satisfaits.

La garnison qui est à St-Denis s'en va demain ; mais elle sera immédiatement remplacée par une autre. Il serait par trop ingrat de se plaindre tout haut de l'occupation prussienne ; c'est à elle que nous devons le calme dont nous avons joui à côté de la plus effroyable révolution. Oh ! que cette circonstance devrait bien nous affermir dans l'abandon à la conduite de la Providence ! Lorsqu'après le bombardement de St-Denis nous vîmes la ville envahie par l'armée allemande, on se répandit en plaintes amères, on fit des réclamations, on se révolta presque. Qui nous eût dit alors que cette occupation qui nous blessait tant serait notre sécurité et qu'elle nous épargnait tout au moins un second bombardement ?. Cette dernière épreuve était le moindre mal qui pût nous arriver, et il fallait supposer que le gouvernement de Versailles aurait conservé avec vigueur la ville de St-Denis, ce qui n'a pas eu lieu pour Neuilly, par exemple, qui a été criblé d'obus pendant cette guerre civile. Je conclus donc une fois de plus qu'il fait bon loger à l'enseigne de la confiance en Dieu et qu'on ne saurait trouver ailleurs autant d'assurance et de repos.

Ce journal, commencé à l'arrivée des Prussiens sous les murs de St-Denis, devrait tout naturellement se continuer jusqu'à leur départ. Comme il est possible que ce départ n'ait lieu qu'à une époque fort éloignée, et que d'ailleurs les faits que j'ai relatés perdent tous les jours de leur actualité et de leur intérêt, je le termine ici, à la date du 31 mai 1871. Je ne me doutais pas, lorsque j'écrivis les premières lignes, le 19 septembre 1870, que j'entreprenais une œuvre que les événements devaient étendre bien au delà de mes prévisions. Je pensais comme à peu près tout le monde que nous allions subir un siége de quelques semaines, deux mois tout au plus. Mais voilà que d'événements en événements ces détails embrassent un espace de 255 jours. Je ne me suis proposée d'autre but que celui de répondre au désir de ma famille, en consignant dans ces pages le souvenir de ces jours de douleurs et d'angoisses pendant lesquels Dieu n'a cessé de veiller sur nous et de nous protéger. Elle voudra bien, en retour, m'aider à en témoigner ma reconnaissance au Dieu toujours miséricordieux et bon.

St-Denis-sur-Seine, le 1er juillet 1871.

Sœur MARIE-VINCENT ROUSSET,

Fille de la Charité.

Privas. — Imp. Roure.

www.ingramcontent.com/pod-product-compliance
Lightning Source LLC
Chambersburg PA
CBHW070859280326
41934CB00008B/1514